Vegetarisch.Einfach.Gut.

Vegetarisch. Einfach. Gut.

85 KLASSISCHE REZEPTE
FÜR JEDEN TAG

CHRISTIAN

Inhalt

CASSIUS
GARTEN
CASSIUS
CASSIUS
GARTEN

Von Anfang an dabei

Kaum zu glauben: Seit einem Vierteljahrhundert gehe ich fast täglich in den CassiusGarten und werde dessen nicht überdrüssig. Im Gegenteil: Ich freue mich jedes Mal auf die täglich wechselnden Suppen – ob warm oder kalt, sie sind stets köstlich –, im Sommer auf die große Auswahl abwechslungsreicher Rohkostsalate und im Winter auf die leckeren Vor- und Warmspeisen. Dazu liebe ich den frisch gepressten Biomöhrensaft. Wenn Frust angesagt ist, nasche ich schon mal eines der kleinen verführerischen Törtchen. Und als krönenden Abschluss gönne ich mir immer meine – inzwischen CassiusGarten-legendäre – Sünde: einen Espresso mit einer extra Portion Schlagsahne, über die ich etwas braunen Zucker streue und dann beides zusammen löffle.

Wie begann diese Liebe? Vor 25 Jahren verfolgte ich mit Spannung den Ladenein- und umbau in der bis dato öden Cassiusbastei in der Bonner Innenstadt. Ein vegetarisches Vollwertrestaurant wurde angekündigt. Als langjährige Vegetarierin freute ich mich riesig, zumal dieses Restaurant in der Nähe meiner Wohnung liegt. Am Tag der Eröffnung stand ich als erster Gast voller Neugier und Erwartung vor der Eingangstür. Doch diese war geschlossen! Ich klopfte, keiner machte auf, keiner war da. Da entdeckte ich das Schild mit der Entschuldigung: ... aus technischen Gründen würde sich die Eröffnung verschieben ... Was für eine Enttäuschung! Geduld und Warten waren angesagt.

Das Warten hat sich gelohnt. Ich durfte in den vielen Jahren das Engagement und die Energie der Betreiber – auch deren anfängliche Zweifel –, die Entwicklung, den Fortschritt, die Erweiterungen der Gastflächen, die Eröffnung des Bistros/Cafés, die Experimente mit dem Mobiliar und den Wandmalereien sowie kleine, mittlere und große Katastrophen (ich erinnere mich an den heftigen Wassersturz aus der Decke im Bistro) hautnah miterleben. Nicht zu vergessen die aufwändige und einladende Bepflanzung der Außenterrasse, das üppige Grün auf der Terrasse im ersten Stock und die bunt-fröhliche Außenbepflanzung. Und natürlich die – durchweg positiven – Experimente in der Küche und der Patisserie, die treuen und langjährigen Mitarbeiter, die liebenswerten und die anstrengenden Gäste sowie die Übergabe des Seniorchefs an den Junior.

In all den Jahren hat die Qualität der Speisen nie nachgelassen. Im Gegenteil: Der CassiusGarten ist immer bemüht, die Qualität und Vielfalt zu steigern, Neues auszuprobieren, Bioprodukte mit einzubringen, auf Allergiker und Veganer einzugehen – und sogar neue Eisspezialitäten auszutüfteln. Neuerdings kann man auch im Haus hergestellte Produkte kaufen.

Auch der soziale Aspekt war und ist für mich sehr wichtig. Viele Kontakte sind entstanden, viele spannende Diskussionen wurden geführt. Man trifft sich zufällig, ohne Zwänge, bleibt so lange man kann. Und hat nie das Gefühl, dass dies von Chefseite unerwünscht sei.

Ich wünsche mir, dass uns dieses Ausnahmerestaurant noch lange erhalten bleibt! Und auch meine anregenden Gartengespräche mit dem Juniorchef möchte ich nicht missen! Der CassiusGarten ist wirklich meine zweite Heimat geworden.

Ich wünsche Ihnen viel Freude beim Lesen und Ausprobieren der Rezepte – und vielleicht ergibt sich ja einmal die Gelegenheit zum Kennenlernen im CassiusGarten!?

Heidemarie Weide, Bonn

Das Restaurant

CassiusGarten – Die Geschichte eines Erfolgs

Bonn ist zwar nicht mehr Hauptstadt, aber von beige-grauer Langeweile kann keine Rede sein. Ministerien, internationale Organisationen, bundesweite Großunternehmen, ein kulturinteressiertes Bürgertum und nicht zuletzt die Universität sorgen für Lebendigkeit. Der 1989 von Eckard Lüth gegründete CassiusGarten passt gut hierher. Die beste Bestätigung dafür ist, dass das Restaurant seit nunmehr 25 Jahren besteht und täglich etwa 1000 Gäste hier essen – ein bunt gemischtes Publikum. Im März 2009 hat Eckard Lüth die Geschäftsführung an seinen Sohn Jan übergeben, der das Unternehmen seitdem im Sinne des Vaters weiterführt. So lebt die Tradition – an das Heute angepasst – fort und die Erfolgsgeschichte des vegetarischen Vollwertrestaurants geht weiter.

Geboren ist Eckard Lüth in einer mecklenburgischen Kleinstadt. In seinem Elternhaus wurde täglich mit frischen Produkten aus dem zwei Hektar großen Gemüsegarten gekocht. Sonntags gab es schon mal ein Huhn, aber die Mutter kochte vorwiegend vegetarisch, ohne das bewusst so zu nennen, einfach weil es gab, was der Garten hervorbrachte. Schon als kleiner Junge hat Eckard Lüth mit Interesse in die Töpfe geschaut, und so war eine Lehre als Koch der logische nächste Schritt und ein guter Start ins Berufsleben. Station machte er unter anderem an der Leipziger Hotelfachschule und ließ sich an der Handelshochschule Leipzig zum Diplomökonom ausbilden.

Zu den Schwerpunkten seiner beruflichen Tätigkeit in den folgenden 18 Jahren gehörten dann

Unternehmensberatung und die Projektierung von Gaststätten und Hotels. Noch vor der Wende verließ Eckard Lüth die DDR und widmete sich auch in Westdeutschland dem, was er konnte. Doch er wollte einen Schritt weitergehen und selbst ein Unternehmen gründen und führen. Auf dem Weg zu diesem Ziel und um Erfahrungen zu sammeln, arbeitete er zunächst als Koch in einem vegetarischen Restaurant in Stuttgart. Das Konzept dort sagte ihm zu, und er beschloss, ein ähnliches Restaurant zu eröffnen.

Wer je aus einer Idee ein Unternehmen machen wollte, weiß: Am Anfang steht die Finanzierung. Wer keine Sicherheiten zu bieten hat, hat einen schweren Weg vor sich. Eckard Lüth konnte weder ein eigenes Haus vorweisen, noch hatte er Wertgegenstände oder andere hohe Rücklagen. Aber die Idee eines Vollwert-Selbstbedienungsrestaurants war ein gutes Konzept, das in die Zeit passte.

So reiste Lüth durch Deutschland auf der Suche nach einem geeigneten Standort. Zunächst scheiterte er immer wieder an Bauträgern und Immobilieneigentümer, bis ihn der Zufall 1988 nach Bonn führte. Hier fand er eine Baustelle, in der sein Restaurant entstehen könnte. Das Gebäude des heutigen Geschäfts- und Praxiszentrums Cassiusbastei gegenüber dem Bonner Hauptbahnhof wurde gerade eingerissen, nur die Front sollte erhalten bleiben. Lüth sah es und handelte. Er schrieb an die Stadt und erhielt immerhin keine abschlägige Antwort. Tatsächlich war für den Neubau der Cassiusbastei ein Café vorgesehen, für das sich zu dem Zeitpunkt jedoch kein Interessent gefunden hatte.

Lüth besuchte auf Empfehlung eine Veranstaltung für Existenzgründer der IHK, wo er den Bonner Wirtschaftsprüfer und Steuerberater Gregor Deymann kennenlernte. Dieser war überzeugt und beschloss, das Vorhaben nach Kräften zu unterstützen. Als Glücksfall erwies sich auch, dass das Amt für Wirtschaftsförderung der Stadt Bonn zu dieser Zeit gerade neu gegründet wurde. Eckard Lüth war der erste Besucher beim Amtsinhaber Wolfgang Rüther, der das Vorhaben förderte und entsprechende Weichen stellte. Schließlich stieg die Sparkasse Bonn bei der Finanzierung ein und das Vorhaben konnte in die Tat umgesetzt werden.

Anfang 1989 starteten die Vorbereitungen, die Bauarbeiten und schließlich kam der Feinschliff. Elf Monate später dann die Eröffnung: Am 30. November war das Buffet bereit, Gäste warteten vor der Tür – als das Ordnungsamt noch letzte Spuren der Bauarbeiten in den Räumen bemängelte. Erst einen Tag später, am 1. Dezember 1989, öffnete das neue Vollwertrestaurant CassiusGarten. Und das Konzept ging auf – der Erfolg spricht für sich. Viele der Gäste des ersten Tages haben dem CassiusGarten bis heute die Treue gehalten.

Die Idee eines Vollwert-Selbstbedienungsrestaurants war ein gutes Konzept, das in die Zeit passte.

Und wenn Eckard Lüth heute auf die Geschichte des CassiusGarten zurückblickt, klingt seine Zusammenfassung fast nüchtern. Er sagt kurz und knapp: »Es ist gut gegangen.«

CASSIUS
GARTEN

Das menschliche Restaurant

Seit 25 Jahren gibt es den CassiusGarten, heute geführt von Eckard Lüths Sohn Jan. In seinem Küchenchef Arndt Merke hat er einen verwandten Geist: präzise und qualitätsversessen. Ihr Anspruch: »Wir wollen kochen wie für Freunde.«

Im Erdgeschoss hängt neben dem Durchgang zwischen Buffet und Café ein gerahmter Comic des Berliner Duos Katz und Goldt, erschienen in der Zeit. Ein Mann ist da zu sehen, der ein tristes Salatbuffet betrübt mit den Herrlichkeiten vergleicht, die andernorts geboten werden. An erster Stelle fällt ihm ein: der CassiusGarten in Bonn.
Der schillernde Konsul Weyer schickte eine E-Mail aus Rio de Janeiro: »Seit vielen Jahren trägt auch Ihre gute Kost bei Deutschlandbesuchen zu meinen 1a-Laborwerten bei.«
Auch von Hans Jürgen Bäumler, legendärer Eiskunstlauf-Europa- und Weltmeister, Schauspieler und Moderator, traf eine Gratulation zum 25-jährigen Jubiläum ein: »Ihr Angebot ist fantastisch, die Salate außergewöhnlich. Weiter so!«
Rezensionen auf der Facebook-Seite des CassiusGarten lesen sich so: »The ice cream is heavenly, and the food is natural and tasty as it should be (…).« Eine andere: »Einfach richtig leckeres und gesundes Essen :)«
Jan Lüth, der Chef des CassiusGarten sagt: »Gesund, einfach, aber richtig lecker. So kochen wir, so sind wir auch.«

Professionellen Restaurantkritikern gilt »lecker« als das Maggifläschchen unter den Vokabeln: diffus, nichtssagend, unbedingt zu vermeiden. Der CassiusGarten zielt in seinem Konzept allerdings weder auf die kulinarische noch die sprachliche Ästhetik von Restaurantkritikern ab. Das Vollwertrestaurant, in dem täglich Hunderte von Gästen essen, erhebt nicht den Anspruch, Pilgerstätte für Gourmets zu sein, die für eine Abfolge filigraner Kunstwerke mehrere Hundert Euro bezahlen können. Die Grundideen sind nicht elitär, sondern zutiefst demokratisch: Jeder soll täglich gesund und gut essen können. Dazu gehört eine zwanglose Umgebung und ein freundlicher Umgang. »Das Restaurant soll wie ein guter Freund sein«, so formuliert das Jan Lüth. »Das hat erst mal gar nichts mit dem Kochen zu tun. Das ist unsere Haltung. Wir wollen

ALS SÄSSE MAN IN EINEM GARTEN …

Auf dem Nahe-Weingut Fuchs-Jacobus arbeiten Marlene und Wilfried Jacobus nach den strengen, biologisch-dynamischen Richtlinien des Demeter-Verbands. »Bio« sind sie seit 25 Jahren – seit 2006 gibt es ihre Weine im CassiusGarten.

»Der Kontakt zum CassiusGarten entstand privat. Der Senior, Eckard Lüth, kam 2006 auf der Durchreise bei uns vorbei, hat Weine probiert und gleich ein paar Flaschen mitgenommen. Die kamen wohl gut an, denn seitdem sind wir die einzigen Weinlieferanten des CassiusGarten. Besonders beliebt bei den Gästen ist unser Riesling trocken, der auch beim diesjährigen internationalen Bioweinpreis mit Gold prämiert wurde. Wir waren 2007 das erste Mal selbst in Bonn zu Besuch. Mein Eindruck war: Ich betrete ein Gartenrestaurant! Das Lokal wirkt auch innen so weitläufig und gemütlich, die Atmosphäre ist locker und natürlich, wir haben uns sofort wohlgefühlt. Leider haben wir nicht oft Zeit für solche Ausflüge, mein Mann und ich bewirtschaften das Weingut ja allein. Uns freut natürlich, dass mittlerweile Gäste des Restaurants zu uns kommen und sich für unsere Weine und das Gut interessieren. Unsere Grundsätze bei der Arbeit passen ja gut zu denen des CassiusGarten.«

www.weingut-fuchs-jacobus.de

FÜR NEUES AUFGESCHLOSSEN

Auf seinem Biolandhof in der Lüneburger Heide baut Karsten Ellenberg fast 100 alten Kartoffelsorten an. Er kämpfte erfolgreich um den Erhalt der Sorte Linda, oft als »Königin der Knollen« geschätzt.

»Wir beliefern den CassiusGarten seit etwa acht Jahren. Durch den Kampf um den Erhalt der Linda standen wir damals öfter in der Presse, so ist Arndt Merke wohl auf uns aufmerksam geworden. Seitdem schicken wir einmal im Monat eine Palette nach Bonn, 500 bis 600 Kilo, vorzugsweise Linda. Wer die einmal gegessen hat, weiß: Linda macht süchtig! Arndt Merke ist auch für Neues sehr aufgeschlossen, blaue oder rote Kartoffeln wie die Violetta oder die Rote Emmalie. In Südamerika, wo die Kartoffel ursprünglich herkommt, sind farbige Sorten weit verbreitet, nur in Deutschland haben sich im Handel die gelbfleischigen Sorten durchgesetzt. Wir liefern gerne an die Gastronomie. Wer bei uns bestellt, hat Interesse an Lebensmitteln und gibt das an Gäste weiter, was schließlich dem Erhalt der Sortenvielfalt dient. Umgekehrt lerne ich auch gerne von Köchen: Kartoffel-Gnocchi mit geschmorten Pfirsichen als Dessert, das ist toll! Mir gefällt die Atmosphäre, in der das Essen im CassiusGarten angeboten wird: locker, nett – gutes Essen, das man sich leisten kann. Wer gut isst, lebt auch besser.«

www.kartoffelvielfalt.de

ehrlich, einfach und menschlich sein. Aber so kochen wir dann auch: Wie man für einen guten Freund kochen würde, ohne Show. Mit Zutaten fast wie vor hundert Jahren, ohne Hilfsmittel oder Convenience.«

Kulinarische Hierarchien? Nicht interessant

Jan Lüth, der jüngere der beiden Söhne Eckard Lüths, hat die Geschäftsführung des CassiusGarten nach fünfjähriger gemeinsamer Arbeit 2009 von seinem Vater übernommen. Wie der Vater ist er gelernter Koch; seine Ausbildung absolvierte er gewissermaßen an höchster Stelle: Er lernte Anfang der 90er-Jahre in der Küche des Hotel Steigenberger Venusberg (heute Dorint) unter Bernd Raths, dem »Staatskoch« der Bonner Republik. Er war bei großen Staatsempfängen auf Schloss Augustusburg in Brühl dabei – »350 Gäste, die natürlich gleichzeitig ihr Menü bekamen. 30 Köche, 60 Kellner. Wir sind mit zwei Lkw hingefahren, ein irrer Aufwand und eine tolle Erfahrung waren das!«

> »Eine gute Kartoffel mit Salz, das ist das Beste, was es gibt. Daneben ist alles andere Firlefanz.«

Nach der Lehre wechselte er in eine Manufaktur, die die damals noch wenig verbreitete Edel-Convenience für die gehobene Gastronomie herstellte. Die Arbeit dort kam seinem analytischen Denken entgegen: »Bei der Kochausbildung übernimmt man Erfahrungswerte. Mich interessieren die chemischen und physikalischen Prozesse beim Kochen: Warum funktioniert etwas – oder nicht? So kann man Abläufe und Ergebnisse verbessern.« Er wurde als Produktionsleiter Chef von 35 Mitarbeitern, ehe der Vater ihn fragte, ob er in den CassiusGarten einsteigen wolle. Ein Selbstbedienungsrestaurant und vegetarische Vollwertkost statt Edelgastronomie also – aber derartige Hierarchien sind für die Lüths, Vater wie Sohn, irrelevant. Was nicht heißt, dass man die Gourmetküche nicht schätzen würde: »Ich habe in Deutschland fast alle 3-Sterne-Restaurants durchprobiert«, sagt Jan Lüth. »Das sind besondere Erlebnisse, Essen als eine Kunstform. Ich selbst bin aber nicht so ein Kochtyp.«

Einfachheit in Vollendung

Auch Arndt Merke ist nicht so ein Kochtyp. Er ist Küchenchef des CassiusGarten, bereits seit 1998 dabei, im selben Alter wie Lüth junior, geboren 1970. Er machte seine Ausbildung gleichfalls in einem renommierten Haus, dem Rheinhotel Schulz in Unkel. Er entwickelt die Rezepte, verantwortet täglich das Essen für Hunderte von Gästen. Sein ganzer Stolz ist sein Küchenteam, an die 14 Leute, darunter bis zu vier Azubis und ein Konditor. Es sei ein Multikulti-Team, sagt Merke, seine Mitarbeiter stammen nicht nur aus Deutschland, sondern auch aus Russland, Afrika, Südamerika … Er nennt sie »eine große, wunderbare Familie. Viele sind seit zehn und mehr Jahren dabei, die sind mit dem CassiusGarten großgeworden. Es ist schon vorgekommen, dass vier krank waren, zwei im Urlaub – und dann zeigt sich, was unsere Leute können, wie die sich ins Zeug legen. Die Gäste merken jedenfalls keinen Unterschied beim Essen, weder bei der Qualität noch bei der Vielfalt. Ein großartiges Team!« Arndt Merke und Jan Lüth sind mitsamt ihren Frauen auch privat befreundet. Wenn sie vom Essen und den Produkten erzählen, die im CassiusGarten verwendet werden, spielen sie sich die Bälle zu, ein Wort gibt das andere. Beide können sich mit der Leidenschaft von Kennern und wahren Genießern begeistern, nur dass es bei ihnen nicht um den noch raffinierteren, noch exklusiveren Genuss geht, sondern ums Gegenteil: die Einfachheit in Vollendung. Im Englischen gibt es den Begriff *reduce to the max*, »aufs Maximum reduzieren«. Das ist das Ziel der Küche des CassiusGarten.

»Dann sagen wir: Genau so! Das wollen wir! Kochen wie für Freunde.«

Lüth und Merke schwärmen nicht für Wagyu-Rind, Gänseleber, Trüffel. Sie begeistern sich für Mangold, Wirsing, Rosenkohl, für Spinat, Karotten, Rote Bete. Für Kürbisse und Zucchini. Kartoffeln verehren beide geradezu: »Eine gute Kartoffel mit Salz, das ist das Beste, was es gibt. Daneben ist alles andere Firlefanz« – so Jan Lüth. Und Arndt Merke: »Ich mag guten Kaffee und ab und zu einen Single Malt. Und ich liebe gute Kartoffeln!« Ihre Haltung erstreckt sich auch auf die Zubereitung. Gemüse ist in den letzten Jahren in den Fokus vieler Restaurants gerückt, auch auf Sterneniveau. Die brave Kartoffel kann sich da unversehens zu einem »Trio« durchdekliniert wiederfinden, bestehend zum

RESPEKT UND ANSTAND

Martin und Marie-Louise Hagemann leben in der Nähe von Bonn. Seit über zehn Jahren beliefert er als Biogemüsegärtner den CassiusGarten.

»Ein Kollege hatte das Restaurant empfohlen: vegetarische und vegane Vollwertküche, das würde doch passen zu unserem Bioland-Gemüse. Als ich das erste Mal dort war, war ich von der Größe überrascht, das erwartet man ja nicht unbedingt von einem vegetarischen Restaurant. Wir wurden uns schnell einig, obwohl ich keine großen Mengen liefern kann, dafür Sorten und Qualitäten, die man sonst nicht überall bekommt: farbigen Mangold und Zucchini, Kürbisse der Sorten Muscade de Provence und Gelber Zentner, die Möhrensorte Rodelika, biologisch gezüchtet, mit sehr aromatischem Geschmack, Brokkoli, Blumenkohl, Spitzkohl, Pastinaken – alles Bioland-Qualität.

Was uns beeindruckt, ist, dass im CassiusGarten stets mit Anstand und Respekt miteinander umgegangen wird. Unser Sohn hat dort in der neunten Klasse ein zweiwöchiges Küchenpraktikum absolviert. Es war ein schwieriges Jahr an seiner Schule. Im CassiusGarten war er sehr glücklich. Die Lüths schwimmen nicht auf Wellen mit. Die Küche, die Einrichtung des Restaurants, alles basiert auf langem Nachdenken. Das spürt man, wenn man da ist.«

Küchenchef
A. Merke

Beispiel aus Kartoffelcreme mit weißer Schokolade, Kartoffelkrapfen mit Meerrettich und Zitrone sowie Kartoffelchips. Ein Gaumenkitzel, neu, überraschend, für den sich Feinschmecker begeistern. Im CassiusGarten hingegen zelebriert man die Knolle so pur wie möglich, zum Beispiel in Form eines schlichten Pürees (siehe Rezept Seite 123). Lüth: »Eine schöne mehlige Kartoffel, bisschen Salz, bisschen Milch, bisschen Butter, bisschen Muskat, fertig. Wenn dann jeden Tag so 'ne kleine Oma hier reinkommt, ihr Püree isst und sich freut, weil sie das an ihre Kindheit erinnert, dann sagen wir: genau so! Das wollen wir!« Kochen wie für Freunde. Rund eine Tonne Gemüse wird jeden Tag im CassiusGarten angeliefert und verarbeitet. Lüth wie Merke sind qualitätsversessen. Sie haben eine ganze Reihe von langjährigen Lieferanten, vorzugsweise aus der Region, vorzugsweise Biobetriebe: Was der Gemüsegärtner Martin Hagemann an einem Tag erntet, wird im CassiusGarten schon am nächsten Tag serviert.

Damit Vitamine und Nährstoffe erhalten bleiben, wird in der Küche zusätzlich nach dem *Cook-and-Chill*-Prinzip gearbeitet: Nach der Zubereitung werden die Gerichte schnell herabgekühlt und erst kurz vor Bedarf für das Selbstbedienungsbuffet fertig gegart. Wenn das Gemüse denn überhaupt gegart wird: Viele Sorten verarbeitet Arndt Merke auch roh zu Salaten, darunter Kürbis, Rote Bete, Fenchel oder Zucchini (siehe Salatrezepte ab Seite 27). Manchen Gästen scheint das erst einmal befremdlich, bis der Geschmack sie überzeugt.

Hier wird mit Lebensmitteln wie vor hundert Jahren gekocht

Wer übers Essen nachdenkt …

Die vielen kleinen Hilfsmittel und Fertigprodukte, deren Verwendung für die meisten Profi- wie Hobbyköche zur Routine gehört, gibt es in Merkes Küche nicht, auch nicht die gekörnte Brühe. Die darin enthaltene herzhafte Geschmacksnote Umami, die Jan Lüth als »eine Art geschmackliche Bassgitarre« beschreibt, entsteht durch Reifungs- und Fermentationsprozesse, die auch in natürlichen Produkten stattfinden. »Tomaten, vor allem Tomatenmark und getrocknete Tomaten, verleihen einem Essen auf natürliche Weise die Umami-Note«, sagt er. »Wer nachdenkt und sich mit den Lebensmitteln auseinandersetzt, merkt, dass man diese Hilfsmittel einfach nicht braucht. Wir verwenden keine Produkte, die aus mehr als zwei Zutaten bestehen.« Das heißt auch: Die sogenannten E-Nummern, gesetzlich zugelassene Stoffe, die Farbe, Aroma, Textur oder Haltbarkeit von Lebensmitteln verbessern sollen, wurden vollständig aus dem CassiusGarten eliminiert. Hier wird mit Lebensmitteln wie vor hundert Jahren gekocht.

Das Restaurant ist für jeden, der zum ersten Mal herkommt, eine kleine Überraschung. Es liegt schräg gegenüber der Eingangshalle des Hauptbahnhofs. Im Sommer wird der Eingang fast verborgen vom Laub der Bäume hinter dem »Bonner Loch«, einem tiefer gelegten Teil des Platzes mit Zugang zu den unterirdischen Gleisen, nicht unbedingt ein stadtplanerisches Juwel. »Eine 1b-Lage«, nennt das Eckard Lüth, der Senior. »Wir liegen nicht gerade an einem der ›Ameisenpfade‹ der Stadt.« Dass die Gäste seit 25 Jahren täglich kommen, zu Freunden und Wegbegleitern werden, liegt vor allem an der Qualität des Essens, die so einvernehmlich gelobt wird. Aber auch die Einrichtung trägt zum Wohlgefühl bei. Bei aller nötigen Funktionalität hat sie nicht den Von-der-Stange-Charakter der meisten Selbstbedienungslokale. Es gibt runde und eckige Tische unterschiedlicher Größe und in verschiedenen Höhen; jedes Stück ist aus Massivholz gefertigt, entworfen vom Schreiner und Holzbildhauer Klaus Bartels. Im ersten Stock liegt neben der »Paradiesecke« mit einer bunt gemusterten Schlange zwischen Adam und Eva im Kopfstand die Leseecke.

Unter einem Zitat von Wilhelm Busch stehen Bücher im Regal, thematisch passende Holzobjekte stehen im Raum und hängen an der Wand. Am Nachmittag, wenn es ruhiger geworden ist, sitzen Gäste hier, manche alleine am Tisch, bei Kaffee und Kuchen aus der hauseigenen Bäckerei, versunken in Lektüre. Von Barthels stammt auch die »Wandzeitung« im Treppenaufgang, Rahmen und Flächen aus Holz, mittlerweile zweckentsprechend bedeckt mit Aushängen und Flyern: »Suche Zimmer«, »Biete Yoga«, »Straßenflohmarkt!«, »Helfe bei Computerproblemen«, »Wer hat Lust, eine Krabbelgruppe zu gründen?«. Ein Ort, an dem sich das Leben in schöner Vielfalt ausbreitet. An dem man isst, trinkt – und zwar richtig lecker! Einfach menschlich.

Ein Ort, an dem sich das Leben in schöner Vielfalt ausbreitet. An dem man isst, trinkt – und zwar richtig lecker! Einfach menschlich.

»DAS ISSES!«

Klaus Bartels, Schreiner und Holzbildhauer, lernte Eckard Lüth vor 25 Jahren kennen. Die Zusammenarbeit besteht bis heute – die Freundschaft kam dazu.

»1989 nahm ich zum ersten Mal als Aussteller an der Kölner Einrichtungsmesse teil. Leider war ich völlig unerfahren: Die Messe war eine Veranstaltung für Wiederverkäufer, Möbelhändler also. Ständig ging es um Rabatte, Skonti, EK/VK … frustrierend, ich fand's grässlich. Drei Tage vor Ende stand da dieser hagere, intellektuelle Typ an meinem Stand, selbst eher verwirrt. Er strich um meinen Stapelstuhl Soleil herum und sagte immer wieder: ›Das isses, das isses …‹, und dann ›Ich komme wieder!‹ Es war am letzten Abend, rundherum wurde schon abgebaut, als er tatsächlich wieder dastand: Ob ich ihm den Stuhl als Muster liefern würde? Als ich ihn später in Bonn besuchte, war der CassiusGarten fast noch Rohbau, überall Beton. Unvorstellbar, wenn man das Lokal heute sieht. Es entwickelte sich ein toller Austausch zwischen uns: Wir besprachen die Funktionsabläufe eines Selbstbedienungsrestaurants, entwickelten daraus miteinander die Gestaltung. Aus dem Raum ein einmaliges Objekt zu machen, das war die Idee.

Zu Eckard Lüth und später seinem Sohn Jan hat sich eine echte Freundschaft entwickelt. Im Laufe der Jahre war immer mal etwas zu erneuern. 2009 kam die ›Paradiesecke‹ dazu, da gibt's eine schöne Geschichte: Kurz nach Einbau und Installation der auf dem Kopf stehenden Adam- und Eva-Figuren rief mich Jan Lüth an. Eine Stammkundin sei sehr aufgebracht und sagte, sie könne leider nicht mehr kommen. Warum? Der Schniedel vom Adam sei ihr zu groß. Ob ich kommen und den, na ja … noch mal bearbeiten könnte. Gut, ich habe zugesagt, es ging aber zeitlich nur während des laufenden Betriebs. Rundherum saßen Gäste und sahen fasziniert zu, wie ich am Schniedel vom Adam rummachte. Kaum war ich fertig, kamen drei Damen und sagten: ›Also, wegen uns hätte es das nun nicht gebraucht.‹

Der Stuhl Soleil übrigens, mit dem alles begann: Der ist im ersten Stock noch immer in Gebrauch.«

www.klaus-bartels.de

SSIUS GARTEN
Vollwertrestaurant

Die Rezepte

Um die 60 Schüsseln stehen auf dem Salatbuffet jeden Tag für unsere Gäste bereit. Wer möchte, stellt seinen Wunschteller selbst zusammen aus Blattsalaten, schonend gegartem oder rohem Gemüse, Körnern, Sprossen, Gurken, Tomaten, Käsestreifen, hart gekochten Eiern … Dazu gibt es verschiedene Dressings und hausgemachte Chutneys, Kräuterquark, Hüttenkäse sowie unsere frische Kräutervinaigrette (siehe Rezept Seite 153). Außerdem bieten wir täglich frisch zubereitete und angemachte Salate nach selbst kreierten Rezepten, die wir Ihnen hier vorstellen. Der Salatgenuss steht und fällt mit der Frische und Qualität der verwendeten Zutaten: Salate, Gemüse und Obst sollten knackig und möglichst erntefrisch sein, die Kartoffeln von bester Qualität – wir verwenden vorzugsweise die Sorte Linda, die »Königin der Knollen«.

Salate

4 PERSONEN, ALS VORSPEISE ODER
2 PERSONEN, ALS HAUPTGERICHT |
35 MINUTEN + 30 MINUTEN ZIEHEN LASSEN

Für den Salat
450 g Fenchel • 1 EL Salz • 2 TL frisch gepresster Limettensaft
180 g rote Paprika • 60 g rote Zwiebel • 240 g Äpfel, z. B. Elstar oder Jonagold • 65 g Rucola

Für das Dressing
2 TL Agavendicksaft • 2 ½ TL Knoblauchöl (siehe Rezept Seite 154) • 1 Prise Pfeffer • 4 ⅓ EL Olivenöl

Fenchelsalat

MIT ÄPFELN UND RUCOLA

Den Fenchel waschen, putzen und in sehr feine Streifen hobeln. In einer Schüssel mit Salz und Limettensaft verkneten und etwa 30 Minuten ziehen lassen.

Inzwischen die Paprika waschen und putzen, die Zwiebeln abziehen. Die Äpfel waschen und das Kerngehäuse entfernen, nicht schälen. Alles in feine Streifen schneiden. Den Rucola waschen, trocken schütteln und in 2 cm große Stücke schneiden.

Den Fenchel abgießen, dabei das Fenchelwasser auffangen. Für das Dressing das Fenchelwasser mit Agavendicksaft, Knoblauchöl und Pfeffer verrühren. Unter diese Mischung tropfenweise das Olivenöl rühren, sodass eine Bindung entsteht.

Das Dressing mit allen übrigen Zutaten vermischen und den Salat abschmecken.

4 PERSONEN, ALS VORSPEISE ODER
2 PERSONEN, ALS HAUPTGERICHT |
30 MINUTEN + 30 MINUTEN ZIEHEN LASSEN

600 g Weißkohl
160 g weiße Zwiebeln
250 g Äpfel, z. B. Elstar oder Jonagold
12 g frische glatte Petersilie
55 ml Weißweinessig
1 EL Salz
1 TL Agavendicksaft
1 Prise Cumin
1 Prise Pfeffer
3 EL Sonnenblumenöl

Weißkohlsalat MIT ÄPFELN

Den Weißkohl in sehr feine Streifen schneiden. Die Zwiebeln abziehen und ebenfalls in sehr feine Streifen schneiden. Die Äpfel waschen, vom Kerngehäuse befreien, nicht schälen und in feine Streifen schneiden. Die Petersilie waschen, trocken schütteln und von dickeren Stielen befreien. Fein schneiden.

In einer Schüssel Weißkohl, Zwiebeln und Äpfel mit Weißweinessig und Salz kräftig verkneten und ca. 30 Minuten ziehen lassen. Dann die Flüssigkeit von der Weißkohlmischung abgießen.

Zu der Weißkohlmischung Agavendicksaft, Cumin, Pfeffer und Petersilie hinzugeben und alles gut vermischen. Zum Schluss das Sonnenblumenöl zufügen und den Salat ein weiteres Mal gut mischen und abschmecken.

4 PERSONEN, ALS VORSPEISE ODER
2 PERSONEN, ALS HAUPTGERICHT | 20 MINUTEN

Für den Salat
400 g junger Blattspinat
75 g weiße Zwiebel
170 g rote Paprika
120 g Apfel, z. B. Elstar oder Jonagold

Für das Dressing
350 ml Kräutervinaigrette (siehe Rezept Seite 153)

Spinatsalat
MIT ÄPFELN UND PAPRIKA

Den Spinat verlesen, waschen und trocken schleudern, die Stiele der Blätter gegebenenfalls abtrennen. Die Spinatblätter in mundgerechte Stücke zupfen. Die Zwiebel abziehen und in feine Streifen schneiden. Die Paprika waschen, putzen und ebenfalls in feine Streifen schneiden. Den Apfel waschen, vom Kerngehäuse befreien, nicht schälen und in feine Spalten schneiden.

Kurz vor dem Verzehr die Spinatblätter mit Paprika, Zwiebel und Apfel in eine Schüssel geben und mit der Kräutervinaigrette übergießen. Vorsichtig vermischen, dann den Salat abschmecken.

TIPP:
Bei der Zubereitung der Kräutervinaigrette kann man für dieses Rezept auch Balsamico anstatt des Rotweinessigs und Walnussöl anstatt des Sonnenblumenöls verwenden.

4 PERSONEN, ALS VORSPEISE ODER
2 PERSONEN, ALS HAUPTGERICHT |
35 MINUTEN + 30 MINUTEN ZIEHEN LASSEN

Für den Salat
1 kg rohe Rote Bete • 4 TL frischer Zitronensaft • 2 TL Salz
1 Prise Pfeffer • 50 g Frühlingszwiebeln • 30 g Sonnenblumenkerne

Für das Dressing
2 TL Agavendicksaft • ½ TL Kürbiskernöl
3 ⅓ EL Sonnenblumenöl

Rote-Bete-Salat

MIT GERÖSTETEN SONNENBLUMENKERNEN

Die Rote Bete schälen und in Scheiben, dann in sehr feine Streifen schneiden (Einmalhandschuhe verwenden!). In einer Schüssel mit Zitronensaft, Salz und Pfeffer sehr kräftig verkneten und 30 Minuten ziehen lassen.

Inzwischen die Frühlingszwiebeln putzen, waschen und in feine Ringe schneiden. Die Sonnenblumenkerne in einer Pfanne ohne Öl rösten.

Die Rote Bete abgießen und dabei den Saft auffangen. Für das Dressing den Agavendicksaft zu dem aufgefangenen Saft geben und unter ständigem Rühren tropfenweise Kürbiskernöl und Sonnenblumenöl einfließen lassen, sodass eine Bindung entsteht.

Das Dressing und die gerösteten Sonnenblumenkerne zu der Roten Bete geben und alles gut miteinander vermischen. Zum Schluss die Frühlingszwiebeln unterheben und den Salat abschmecken.

4 PERSONEN, ALS VORSPEISE ODER
2 PERSONEN, ALS HAUPTGERICHT |
30 MINUTEN + 30 MINUTEN ZIEHEN LASSEN

Für den Salat
480 g Rosenkohl
85 g Walnüsse (alternativ Pinienkerne)
40 g rote Zwiebel
300 g Champignons
2 TL Sonnenblumenöl

Für das Dressing
50 ml Rotweinessig
1 EL Salz
1 Prise Pfeffer
5 ½ EL Sonnenblumenöl
1 TL Walnussöl

Rosenkohlsalat

MIT GEBRATENEN CHAMPIGNONS

Die Rosenkohlröschen vierteln. In einem Topf Wasser zum Kochen bringen und den Rosenkohl darin al dente garen und in kaltem Wasser abschrecken. Die Walnüsse in einer Pfanne ohne Öl rösten. Die Zwiebel abziehen und in feine Streifen schneiden. Die Champignons vierteln. In einer Pfanne das Öl erhitzen und die Champignons darin anbraten. In einer Schüssel alles vermischen.

Für das Dressing den Rotweinessig mit Salz und Pfeffer verrühren. Danach tropfenweise und unter ständigem Rühren das Sonnenblumenöl und das Walnussöl hinzugeben, sodass eine Bindung entsteht.

Das Dressing mit der Rosenkohlmischung vermengen und den Salat mindestens 30 Minuten ziehen lassen. Dann den Salat abschmecken.

4 PERSONEN, ALS VORSPEISE ODER
2 PERSONEN, ALS HAUPTGERICHT |
15 MINUTEN + 1 ½ STUNDEN ZIEHEN LASSEN

Für den Salat
750 g Gurken
1 EL Salz
1 TL Apfelessig

Für das Dressing
10 g frischer Dill
120 g saure Sahne
120 g Mayonnaise (siehe Rezept Seite 170)
6 g mittelscharfer Senf
½ TL Agavendicksaft
2 g Muskatgewürzmischung (siehe Rezept Seite 157)

Gurkensalat MIT SAURER SAHNE

Die Gurken waschen und in dünne Scheiben schneiden. Die Gurkenscheiben in einer Schüssel mit dem Salz und dem Apfelessig verkneten und mindestens eine Stunde ziehen lassen. Den Dill waschen, von den Stielen befreien und klein hacken.

Für das Dressing die saure Sahne mit Mayonnaise, Senf, Agavendicksaft, Dill und Muskatgewürzmischung glatt verrühren.

Die Gurken nach dem Ziehen gut ausdrücken, abgießen und mit dem Dressing vermischen. Den Gurkensalat mindestens 30 Minuten ziehen lassen und abschmecken.

4 PERSONEN, ALS VORSPEISE ODER
2 PERSONEN, ALS HAUPTGERICHT |
25 MINUTEN + 15 MINUTEN ZIEHEN LASSEN

Für den Salat
650 g Radieschen • 3 TL Salz • 60 g Frühlingszwiebeln
35 g rote Zwiebeln • 14 g frisches Koriandergrün • 75 g Radieschensprossen • 155 g grüne Erbsen (frisch oder tiefgekühlt)

Für das Dressing
4 TL frischer Zitronensaft • 2 TL Ingweröl (siehe Rezept Seite 154)
1 TL Meerrettich aus dem Glas • 1 TL Agavendicksaft
1 Prise Pfeffer • 3 ⅓ EL Sonnenblumenöl

Radieschensalat

MIT ERBSEN UND SPROSSEN

Die Radieschen putzen, waschen und in feine Scheiben schneiden. In einer Schüssel mit 2 TL Salz vermischen und etwa 15 Minuten ziehen lassen.

Inzwischen die Frühlingszwiebeln waschen, putzen und in feine Ringe schneiden. Die Zwiebel abziehen und in feine Streifen schneiden. Den Koriander waschen, trocken schütteln und von den dickeren Stielen befreien. Fein schneiden. Die Radieschensprossen waschen.

Die Flüssigkeit von den Radieschen abgießen. Frühlingszwiebeln, Zwiebel, Koriander und Erbsen mit den Radieschenscheiben vermischen.

Für das Dressing den Zitronensaft mit Ingweröl, Meerrettich, Agavendicksaft, Pfeffer und dem übrigen Salz verrühren. Unter ständigem Rühren tropfenweise das Sonnenblumenöl in das Dressing einfließen lassen, sodass eine Bindung entsteht. Das Dressing mit den restlichen Zutaten vermischen und den Salat abschmecken.

4 PERSONEN, ALS VORSPEISE ODER
2 PERSONEN, ALS HAUPTGERICHT |
30 MINUTEN + 30 MINUTEN ZIEHEN LASSEN

750 g Hokkaido-Kürbis
250 g Äpfel, z. B. Elstar oder Jonagold
2 TL Salz
2 ½ EL frischer Zitronensaft
45 g Haselnusskerne
45 g Kürbiskerne
1 ½ TL Agavendicksaft
4 ½ TL Ingweröl (siehe Rezept Seite 154)
1 Prise Currypulver
3 EL Sonnenblumenöl
1 TL Kürbiskernöl

Kürbissalat

MIT NÜSSEN UND KERNEN

Den Hokkaido-Kürbis putzen, aber nicht schälen. Halbieren, von den Kernen befreien und in feine Streifen schneiden. Die Äpfel vom Kerngehäuse befreien, nicht schälen und in feine Streifen schneiden. In einer Schüssel beides mit Salz und Zitronensaft kräftig verkneten und etwa 30 Minuten ziehen lassen.

Inzwischen die Haselnusskerne in einer Pfanne ohne Öl rösten und grob hacken. Danach die Kürbiskerne ebenfalls ohne Öl rösten.

Die durchgezogene Kürbismischung mit Haselnüssen, Kürbiskernen, Agavendicksaft, Ingweröl und Currypulver verkneten. Danach das Sonnenblumenöl und das Kürbiskernöl untermischen und den Salat abschmecken.

4 PERSONEN, ALS VORSPEISE ODER
2 PERSONEN, ALS HAUPTGERICHT |
40 MINUTEN + 12 STUNDEN MARINIEREN

Für den Salat
800 g Zucchini • 2 TL Salz • 2 EL Limettensaft
1 Prise Currypulver • 2 TL Knoblauchöl (Rezept siehe Seite 154)
80 g rote Zwiebel • 140 g Tomaten • 16 g frischer Estragon

Für das Dressing
1 ½ TL Agavendicksaft • 1 Prise Pfeffer • 3 ½ EL Olivenöl

Zucchinisalat

MIT TOMATE UND ESTRAGON

Am Vortag die Zucchini waschen, längs halbieren, entkernen und in Halbmonde schneiden. Salz, Limettensaft, Currypulver und Knoblauchöl verrühren und mit den Zucchini in eine Schüssel geben. Alles gut vermischen und über Nacht im Kühlschrank marinieren.

Die Zwiebel abziehen und in dünne Streifen schneiden. Die Tomaten waschen und fein würfeln. Den Estragon waschen, trocken schütteln und von den Stielen befreien. Fein schneiden. Die marinierten Zucchini abgießen, dabei die überschüssige Marinade auffangen. In einer Schüssel die Zucchini mit Zwiebel, Tomaten und Estragon mischen.

Für das Dressing die aufgefangene Marinade mit Agavendicksaft und Pfeffer vermischen. Tropfenweise unter ständigem Rühren das Olivenöl hinzugeben, sodass eine Bindung entsteht.

Das Dressing zu den restlichen Zutaten geben und gut vermischen. Dann den Salat abschmecken.

4 PERSONEN, ALS VORSPEISE ODER
2 PERSONEN, ALS HAUPTGERICHT |
40 MINUTEN + 30 MINUTEN ZIEHEN LASSEN

Für den Salat
50 g rote Zwiebel • 200 g Tomaten • 250 g frische glatte Petersilie • 14 g frische Minze • 6 g frisches Koriandergrün
130 g Bulgur (ergibt gegart 380 g) • 50 g Romana- oder Eisbergsalat

Für das Dressing
3 EL frischer Zitronensaft • 5 TL Knoblauchöl (siehe Rezept Seite 154) • 1 Prise Pfeffer • 1 Prise Cumin • 2 ½ TL Salz
2 ⅓ TL Olivenöl

Bulgursalat MIT PETERSILIE

Die Zwiebel abziehen und fein würfeln. Die Tomaten waschen und in feine Würfel schneiden. Petersilie, Minze und Koriander waschen, trocken schütteln und von den Stielen befreien. Fein schneiden. In einer Schüssel alles vermischen.

Den Bulgur nach Packungsanweisung garen, beiseitestellen. In der Zwischenzeit den Salat waschen, trocken schleudern und in feine Streifen schneiden.

Für das Dressing den Zitronensaft mit Knoblauchöl, Pfeffer, Cumin und Salz verrühren. Das Dressing über das gemischte Gemüse geben und alles kräftig verkneten. Die Mischung etwa 30 Minuten ziehen lassen.

Bulgur, Salatstreifen und Olivenöl zu der durchgezogenen Gemüsemischung geben und alles gut vermischen. Dann den Salat abschmecken.

4 PERSONEN, ALS VORSPEISE ODER
2 PERSONEN, ALS HAUPTGERICHT |
45 MINUTEN + 30 MINUTEN ZIEHEN LASSEN

Für den Salat
245 g grobe Sojaschnetzel • 6 EL Rapsöl plus etwas mehr zum Braten • 30 ml Tamari (alternativ Sojasauce) • 140 g kleine Champignons • 130 g Gewürzgurken • 120 g rote Paprika 75 g grüne Oliven mit Stein • 50 g Frühlingszwiebeln • 18 g frische glatte Petersilie

Für das Dressing
75 ml Gewürzgurkenfond • 4 EL Sonnenblumenöl
1 ½ TL Knoblauchöl (siehe Rezept Seite 154)
1 ½ TL mittelscharfer Senf • 1 ½ TL Salz • 1 Prise Pfeffer

Russischer Salat

MIT GEWÜRZGURKE UND CHAMPIGNONS

Die Sojaschnetzel im Verhältnis 1:4 in kaltem Wasser einweichen, bis sie weich sind. Kräftig ausdrücken und mit 4 EL Rapsöl und der Tamari vermischen. Die Mischung in eine Pfanne geben, erhitzen und kräftig anbraten. Die Champignons dazugeben und kurz mitbraten.

Die Gewürzgurken in feine Streifen schneiden. Die Paprika waschen, putzen und fein würfeln. Die Oliven entkernen und grob schneiden. Die Frühlingszwiebeln putzen, waschen und in feine Ringe schneiden. Die Petersilie waschen, trocken schütteln und von den dickeren Stielen befreien. Fein schneiden. In einer Schüssel Sojaschnetzel, Champignons, Gewürzgurken, Paprika, Oliven, Frühlingszwiebeln und Petersilie vermischen. In einer Pfanne das restliche Öl erhitzen und die Mischung darin kräftig anbraten.

Für das Dressing Gewürzgurkenfond, Sonnenblumenöl, Knoblauchöl, Senf, Salz und Pfeffer mischen. Das Dressing gut mit den anderen Zutaten verkneten, den Salat mindestens 30 Minuten ziehen lassen und abschmecken.

4 PERSONEN, ALS VORSPEISE ODER
2 PERSONEN, ALS HAUPTGERICHT |
35 MINUTEN + 30 MINUTEN ZIEHEN LASSEN

Für den Salat
170 g Du-Puy- oder Belugalinsen (ergibt gegart 380 g)
80 g rote Zwiebel • 160 g Tomaten • 130 g gelbe Paprika
130 g rote Paprika • 25 g Radieschensprossen • 40 g Linsensprossen • 12 g frische glatte Petersilie

Für das Dressing
30 ml Balsamicoessig • 2 ½ TL Knoblauchöl (siehe Rezept Seite 154) • 1 ½ TL Agavendicksaft • 1 Prise Pfeffer
1 EL Salz • 3 ⅓ EL Sonnenblumenöl

Linsensalat MIT SPROSSEN

Die Linsen nach Packungsanweisung garen. Inzwischen die Zwiebel abziehen und fein würfeln. Die Tomaten und beide Paprikasorten waschen, die Paprika putzen und alles ebenfalls würfeln. Die Radieschen- und Linsensprossen waschen. Die Petersilie waschen, trocken schütteln und von den dickeren Stielen befreien. Fein schneiden. In einer Schüssel alles vermischen.

Für das Dressing Balsamicoessig, Knoblauchöl, Agavendicksaft, Pfeffer und Salz glatt verrühren. Unter diese Mischung tropfenweise das Sonnenblumenöl rühren, sodass eine Bindung entsteht.

Das Dressing vorsichtig mit den anderen Zutaten vermischen und den Salat mindestens 30 Minuten durchziehen lassen. Dann den Salat abschmecken.

4 PERSONEN, ALS VORSPEISE ODER
2 PERSONEN, ALS HAUPTGERICHT |
35 MINUTEN + 1 STUNDE ZIEHEN LASSEN

Für den Salat
600 g Kartoffeln, z. B. Linda • 2 Eier (Größe M)
60 g Gewürzgurken • 50 g weiße Zwiebel

Für das Dressing
6 g frische glatte Petersilie • 200 g Mayonnaise (siehe Rezept Seite 170) • 40 ml Milch • 20 ml Gewürzgurkenfond
1 ½ TL mittelscharfer Senf • 1 TL Salz • 1 Prise Pfeffer

Harzer Kartoffelsalat

MIT EI UND GEWÜRZGURKE

Die Kartoffeln in ausreichend Wasser weich kochen, pellen und in Scheiben schneiden. Die Eier hart kochen, pellen und ebenfalls in Scheiben schneiden. Die Gewürzgurken vierteln und in kleine Scheibchen schneiden. Die Zwiebel abziehen und fein würfeln. In einer Schüssel alles vermischen.

Für das Dressing die Petersilie waschen, trocken schütteln und von dickeren Stielen befreien. Fein schneiden. Mayonnaise, Milch, Gurkenfond, Senf, Petersilie, Salz und Pfeffer glatt verrühren. Das Dressing zur Kartoffelmischung geben und vorsichtig unterheben. Den Salat mindestens 1 Stunde ziehen lassen und danach abschmecken.

4 PERSONEN, ALS VORSPEISE ODER
2 PERSONEN, ALS HAUPTGERICHT | 25 MINUTEN

Für den Salat
280 g Käse am Stück, z. B. Gouda oder Emmentaler
320 g Äpfel, z. B. Elstar oder Jonagold
130 g blaue, kernlose Weintrauben
45 g Cashewkerne

Für das Dressing
130 g Mayonnaise (siehe Rezept Seite 170)
85 g Schmand
2 ½ EL frischer Orangensaft
1 ½ TL Agavendicksaft
1 Prise Currypulver
1 Prise Zimt
1 TL Salz

Käsesalat MIT ÄPFELN UND WEINTRAUBEN

Den Käse in feine Streifen schneiden. Die Äpfel waschen, vom Kerngehäuse befreien, nicht schälen und in feine Würfel schneiden. Die Weintrauben halbieren. Die Cashewkerne in einer Pfanne ohne Öl rösten und grob hacken. In einer Schüssel alles vermischen.

Für das Dressing Mayonnaise, Schmand, Orangensaft, Agavendicksaft, Currypulver, Zimt und Salz glatt verrühren.

Das Dressing vorsichtig mit den anderen Zutaten vermischen und den Salat abschmecken.

4 PERSONEN, ALS VORSPEISE ODER
2 PERSONEN, ALS HAUPTGERICHT |
25 MINUTEN + 25 MINUTEN GRILLEN

Für den Salat
400 g kleine Kartoffeln, z. B. Linda • Olivenöl zum Beträufeln
Salz • 120 g Tofu • 2 EL Rapsöl • 120 g Kirschtomaten • 60 g rote
Paprika • 60 g gelbe Paprika • 50 g rote Zwiebel • 120 g Fetakäse
60 g Rucola

Für das Dressing
30 g Basilikum-Pesto (siehe Rezept Seite 157) • 1 TL Rotwein-essig • 1 TL Knoblauchöl (siehe Rezept Seite 154) • 1 TL Salz

Salat von gebackenen Kartoffeln MIT FETA UND RUCOLA

Den Backofen auf 200 °C (Ober-/Unterhitze) vorheizen. Die Kartoffeln gut waschen und unter fließendem Wasser abbürsten. In Spalten schneiden. Die Kartoffelspalten mit den Schnittflächen nach oben auf ein mit Backpapier ausgelegtes Backblech geben. Mit Olivenöl beträufeln und etwas salzen. Die Kartoffeln im Backofen etwa 25 Minuten backen.

Inzwischen den Tofu in kleine Würfel schneiden. In einer Pfanne das Rapsöl erhitzen und die Tofuwürfel darin braten. Die Kirschtomaten waschen und halbieren. Beide Paprika waschen, putzen und in kleine Würfel schneiden. Die Zwiebel abziehen und in feine Streifen schneiden, den Fetakäse würfeln. Den Rucola waschen, trocken schütteln und in 2 cm große Stücke schneiden. In einer Schüssel Kartoffeln, Tofu, Kirschtomaten, Zwiebel und Paprika miteinander mischen.

Für das Dressing das Pesto mit Rotweinessig, Knoblauchöl und Salz verrühren. Das Dressing zu der Kartoffelmischung geben und vorsichtig vermischen. Danach behutsam den Feta und den Rucola unterheben. Dann den Salat abschmecken.

4 PERSONEN, ALS VORSPEISE ODER
2 PERSONEN, ALS HAUPTGERICHT | 25 MINUTEN

Für den Salat
180 g Grünkern (ergibt gegart 380 g)
70 g Karotten
60 g Knollensellerie
60 g Zucchini
95 g Gewürzgurken
20 g frischer Dill

Für das Dressing
120 g saure Sahne
190 g Mayonnaise (siehe Rezept Seite 170)
10 ml Tamari (alternativ Sojasauce)
10 ml Gewürzgurkenfond
1 TL Salz
1 Prise Pfeffer

Grünkernsalat
MIT GEWÜRZGURKE UND DILL

Den Grünkern unter fließendem Wasser waschen und in der doppelten Menge kochend heißem Wasser nach Packungsanweisung weich garen. Inzwischen Karotten und Sellerie schälen und in Streifen schneiden. Die Zucchini waschen und mit den Gewürzgurken ebenfalls in Streifen schneiden. Den Dill waschen, trocken schütteln und von den dickeren Stielen befreien. Fein schneiden. In einer Schüssel alles vermischen.

Für das Dressing saure Sahne, Mayonnaise, Tamari, Gewürzgurkenfond, Salz und Pfeffer glatt verrühren.

Das Dressing vorsichtig mit den anderen Zutaten vermischen und den Salat abschmecken.

4 PERSONEN, ALS VORSPEISE ODER
2 PERSONEN, ALS HAUPTGERICHT | 35 MINUTEN

Für den Salat
190 g Glasnudeln (ergibt gegart 580 g) • 60 g rote Zwiebel
70 g Frühlingszwiebeln • 150 g rote Paprika • 10 g frisches Koriandergrün • 20 g Sesam

Für das Dressing
2 TL Chiliöl (siehe Rezept Seite 154) • 32 ml Tamari (alternativ Sojasauce) • 1 ½ TL Knoblauchöl (siehe Rezept Seite 154)
4 ½ EL frischer Limettensaft • ½ TL Salz • 1 ½ TL Sesamöl
1 ½ EL Sonnenblumenöl

Glasnudelsalat

MIT LIMETTE UND SESAM

Die Glasnudeln nach Packungsanweisung garen. Inzwischen die Zwiebel abziehen und in feine Streifen schneiden. Die Frühlingszwiebeln waschen, putzen und in feine Ringe schneiden. Die Paprika waschen, putzen und in kleine Würfel schneiden. Den Koriander waschen, trocken schütteln und von den Stielen befreien. Fein schneiden. Den Sesam in einer Pfanne ohne Öl rösten. In einer Schüssel alles vermischen.

Für das Dressing Chiliöl, Tamari, Knoblauchöl, Limettensaft und Salz gut verrühren. Tropfenweise das Sesamöl und das Sonnenblumenöl einrühren, sodass eine Bindung entsteht.

Das Dressing vorsichtig mit den anderen Zutaten vermischen und den Salat abschmecken.

4 PERSONEN, ALS VORSPEISE ODER
2 PERSONEN, ALS HAUPTGERICHT |
35 MINUTEN + 30 MINUTEN ZIEHEN LASSEN

Für den Salat
7 Eier (Größe M) • 200 g Brokkoli
180 g Tomaten • 45 g Cashewkerne

Für das Dressing
180 g saure Sahne • 75 g Mayonnaise (siehe Rezept Seite 170)
1 TL Knoblauchöl (siehe Rezept Seite 154) • 1 ½ TL Salz
1 Prise Pfeffer

Eiersalat MIT BROKKOLI UND CASHEWKERNEN

Die Eier hart kochen, pellen und in jeweils sechs Stücke teilen. Während die Eier kochen, den Brokkoli waschen, putzen und die Röschen herauslösen. In einem Topf ausreichend Wasser zum Kochen bringen und die Brokkoliröschen darin knackig garen, in kaltem Wasser abschrecken.. Die Tomaten waschen und in kleine Würfel schneiden. Die Cashewkerne in einer Pfanne ohne Öl rösten und grob hacken. In einer Schüssel alles vermischen.

Für das Dressing saure Sahne, Mayonnaise, Knoblauchöl, Salz und Pfeffer glatt verrühren.

Das Dressing vorsichtig mit den anderen Zutaten vermischen und den Salat etwa 30 Minuten ziehen lassen. Dann den Salat abschmecken.

Suppen und Eintöpfe gehören zu den ältesten Gerichten überhaupt. Seit Menschen Feuer zum Kochen nutzen, werden sie in aller Welt zubereitet, und es gibt sie in unendlichen Varianten. Als kleine Portion ist eine Suppe eine feine warme Vorspeise. Ein großer Teller ersetzt mit einem guten Stück Brot eine Hauptmahlzeit. An kalten Tagen wärmt sie schön durch. Wenn es heiß ist, gehört andalusisches Gazpacho oder Tarator, eine bulgarische Spezialität, zu unseren beliebtesten Gerichten, beides Klassiker nicht nur der vegetarischen Küche. Unsere Rezepte sind leicht nachzukochen, aber fürs Schälen und Schneiden der Gemüse sollte man sein Arbeitstempo richtig einschätzen und entsprechend Zeit einplanen. Dafür lassen sich diese Gerichte gut vorbereiten und wieder aufwärmen: Durchs Ziehen gewinnen sie sogar an Aroma.

Suppen

4 PERSONEN, ALS VORSPEISE | 40 MINUTEN

110 g weiße Zwiebeln • 90 g rote Linsen • 10 g frisches Zitronengras • 400 ml Gemüsebrühe (siehe Rezept Seite 167) 2 EL Rapsöl (alternativ Butterschmalz) • 4 TL Knoblauchöl (siehe Rezept Seite 154) • 1 Prise Cumin • 1 Prise Kurkuma 1 Msp. Garam Masala • 1 Prise Chilipulver • 180 g ganze geschälte Tomaten (aus der Dose) • 180 ml Kokosmilch (siehe Rezept Seite 162) • ½ TL Agavendicksaft • 1 ½ TL Salz

Indische Linsensuppe

Die Zwiebeln abziehen und würfeln. Die Linsen waschen. Das dünne, grasige Ende des Zitronengrases abtrennen, den übrigen Teil längs einschneiden und zwei Lagen Schale entfernen. Das Innere fein schneiden. In einem kleinen Topf das geschnittene Zitronengras mit 70 ml Gemüsebrühe aufkochen und etwa 10 Minuten köcheln lassen.

Inzwischen in einem großen Topf das Rapsöl und das Knoblauchöl erhitzen und die Zwiebeln darin glasig anschwitzen. Cumin, Kurkuma, Garam Masala und Chilipulver hinzugeben und kurz mitbraten. Dann Linsen, Tomaten und Kokosmilch zugeben. Alles einmal aufkochen.

Die Mischung mit dem Zitronengrasfond und der restlichen Gemüsebrühe auffüllen und köcheln lassen, bis die Linsen gar sind (siehe Packung).

Die Suppe mit dem Stabmixer pürieren. Agavendicksaft und Salz hinzugeben und die Suppe abschmecken.

4 PERSONEN, ALS VORSPEISE | 40 MINUTEN

100 g weiße Zwiebeln • 10 g Ingwer • 400 g Steckrüben
90 g Karotten • 100 g Ananas • 4 TL Rapsöl • 1 Prise Currypulver • ½ TL Chiliöl (siehe Rezept Seite 154) • 240 ml Gemüsebrühe (siehe Rezept Seite 167) • 140 ml Kokosmilch (siehe Rezept Seite 162) • 1 Msp. Limettenabrieb • 1 ½ TL Agavendicksaft
2 TL Salz

Steckrübensuppe

MIT ANANAS

Die Zwiebeln abziehen, Ingwer, Steckrüben und Karotten schälen und alles in feine Würfel schneiden. Die Ananas schälen, von Strunk und Augen befreien und ebenfalls fein würfeln. In einem großen Topf das Rapsöl erhitzen und Zwiebeln und Ingwer darin glasig anschwitzen. Currypulver und Chiliöl hinzugeben und kurz mit anschwitzen.

Steckrüben, Karotten, Ananas hinzugeben und auch kurz mit anschwitzen. Mit der Gemüsebrühe auffüllen und das Gemüse weich kochen.

Kokosmilch, Limettenabrieb, Agavendicksaft und Salz zugeben und die Mischung einmal aufkochen. Mit dem Stabmixer sehr fein pürieren und die Suppe abschmecken.

4 PERSONEN, ALS VORSPEISE |
30 MINUTEN + 30 MINUTEN KOCHEN

70 g weiße Zwiebel
50 g Knollensellerie
90 g Karotten
3 ½ EL Olivenöl
200 ml Gemüsebrühe (siehe Rezept Seite 167)
545 g ganze geschälte Tomaten (aus der Dose)
2 TL Salz
1 ½ TL Agavendicksaft
6 g frisches Basilikum

Tomatensuppe MIT BASILIKUM

Die Zwiebel abziehen, Sellerie und Karotten schälen und alles in Würfel schneiden. In einem großen Topf das Olivenöl erhitzen und die Zwiebel darin glasig anschwitzen. Dann Sellerie und Karotten hinzugeben und mit anschwitzen.

Mit der Gemüsebrühe oder der gleichen Menge Wasser auffüllen und etwa 30 Minuten köcheln lassen. Danach die Tomaten hinzugeben und die Mischung einmal aufkochen. Die Suppe mit dem Stabmixer pürieren und das Salz und den Agavendicksaft hinzugeben. Das Basilikum waschen, trocken schütteln und die dickeren Stiele entfernen. Eine Kelle der Suppe entnehmen und in einer Schüssel mit dem Basilikum pürieren. Die Mischung in die Suppe zurückgeben, unterrühren und die Suppe abschmecken.

4 PERSONEN, ALS VORSPEISE | 30 MINUTEN

10 g frisches Basilikum
10 g frische glatte Petersilie
10 g frischer Dill
260 g rote Paprika
250 g Salatgurke
460 g ganze geschälte Tomaten (aus der Dose)
3 ⅓ EL Olivenöl
4 TL Tomatenmark
1 EL mittelscharfer Senf
1 TL Muskatgewürzmischung (siehe Rezept Seite 157)
1 ½ TL Knoblauchöl (siehe Rezept Seite 154)
10 g Fenchelknolle
frischer Zitronensaft zum Verfeinern

Gazpacho

Basilikum, Petersilie und Dill waschen, trocken schütteln und die dicken Stiele entfernen. Die Paprika waschen, putzen und in grobe Stücke schneiden. Die Gurke ebenfalls waschen und grob schneiden. Mit Tomaten, Olivenöl, Tomatenmark, Senf, Basilikum, Petersilie, Dill, Muskatgewürzmischung, Knoblauchöl und Fenchel mit dem Stabmixer pürieren. Dabei darauf achten, die Suppe nicht zu fein zu pürieren.

Die Suppe mit Zitronensaft verfeinern und abschmecken. Eisgekühlt servieren.

4 PERSONEN, ALS VORSPEISE |
25 MINUTEN + 12 STUNDEN ZIEHEN LASSEN

800 g Salatgurken
1 TL Salz
22 g frischer Dill
270 g Naturjoghurt
55 g Schmand
2 TL Muskatgewürzmischung (siehe Rezept Seite 157)
2 TL Knoblauchöl (siehe Rezept Seite 154)

Tarator

Die Hälfte der Gurken bereits am Vortag längs halbieren, die Kerne entfernen und in feine Würfel schneiden. In einer Schüssel mit dem Salz vermischen und über Nacht im Kühlschrank ziehen lassen.

Den Dill waschen, trocken schütteln und die dicken Stiele entfernen. Die übrige Gurke in grobe Stücke schneiden und mit Naturjoghurt, Schmand, Muskatgewürzmischung, Dill und Knoblauchöl mit dem Stabmixer pürieren.

Die marinierten Gurkenwürfel abtropfen und unter die Suppe mischen, dann abschmecken. Eisgekühlt servieren.

4 PERSONEN, ALS VORSPEISE | 40 MINUTEN

60 g weiße Zwiebel
30 g Knollensellerie
400 g Karotten
10 g Ingwer
1 ½ EL Sonnenblumenöl
70 ml Apfelsaft
350 ml Gemüsebrühe (siehe Rezept Seite 167)
140 ml Kokosmilch (siehe Rezept Seite 162)
1 ½ TL Agavendicksaft
5 g frische Minze
1 TL Salz

Karottensuppe MIT MINZE

Die Zwiebel abziehen, Sellerie, Karotten und Ingwer schälen und alles in Stücke schneiden. In einem großen Topf das Sonnenblumenöl erhitzen und Zwiebel, Sellerie und Ingwer darin anschwitzen.

Den Apfelsaft hinzugeben und reduzieren. Die Karottenstücke in den Topf geben und mit dem Gemüse im Apfelsaft schmoren. Die Gemüsebrühe oder die gleiche Menge Wasser dazugießen und das Gemüse weich garen.

Die Mischung mit dem Stabmixer pürieren, dann Kokosmilch und Agavendicksaft einrühren. Die Suppe noch einmal aufkochen lassen. Die Minze waschen und die dicken Stiele entfernen. Eine Kelle der Suppe entnehmen und in einer Schüssel mit der Minze pürieren. Die Mischung in die Suppe zurückgeben und unterrühren. Danach das Salz hinzufügen und abschmecken.

4 PERSONEN, ALS VORSPEISE | 35 MINUTEN

40 g weiße Zwiebel
500 g Bananen
160 g Mango
3 Stängel frischer Koriander
2 TL Rapsöl
1 Msp. Currypulver
einige Tropfen Chiliöl (siehe Rezept Seite 154)
80 ml Apfelsaft
80 ml Gemüsebrühe (siehe Rezept Seite 167)
320 ml Kokosmilch (siehe Rezept Seite 162)
40 g ungesüßtes Mangopüree (aus der Dose oder selbst gemacht)
½ EL Limettensaft
½ TL Salz

Bananensuppe MIT MANGO

Die Zwiebel schälen und grob schneiden. Die Bananen schälen und in Scheiben schneiden. Die Mango schälen, vom Kern lösen und würfeln. Den gewaschenen Koriander von dickeren Stielen befreien und hacken.

In einem Topf die Zwiebel mit Rapsöl glasig anschwitzen. Currypulver und Chiliöl hinzugeben und kurz mit anschwitzen. Den Apfelsaft zu der Zwiebelmischung geben, zum Köcheln bringen und mindestens um die Hälfte reduzieren lassen.

Dann Gemüsebrühe, Kokosmilch, Mangopüree, Bananen, Limettensaft und Salz hinzugeben und alles einmal aufkochen. Danach die Mischung mit dem Stabmixer pürieren.

Zum Schluss den Koriander und die Mangowürfel unterziehen und die Suppe abschmecken.

4 PERSONEN, ALS VORSPEISE | 35 MINUTEN

10 g Ingwer
70 g weiße Zwiebel
70 g Karotte
30 g Knollensellerie
450 g Hokkaido-Kürbis
1 ½ EL Sonnenblumenöl
1 ½ TL Muskatgewürzmischung (siehe Rezept Seite 157)
75 ml Apfelsaft
370 ml Kokosmilch (siehe Rezept Seite 162)
2 TL Agavendicksaft

Kürbissuppe MIT INGWER

Den Ingwer schälen und hacken. Die Zwiebel abziehen, Karotte und Sellerie schälen und alles würfeln. Den Hokkaido-Kürbis putzen, aber nicht schälen. Halbieren, von den Kernen befreien und in Würfel schneiden. In einem großen Topf das Sonnenblumenöl erhitzen und den Ingwer darin farblos anschwitzen. Dann Zwiebel, Karotte, Sellerie und Kürbis hinzugeben, die Muskatgewürzmischung darüber verteilen und alles kurz schmoren.

Den Apfelsaft hinzugeben, aufkochen und etwa 10 Minuten reduzieren. Die Kokosmilch mit dem Agavendicksaft hinzugeben und ein weiteres Mal aufkochen. Danach die Mischung mit dem Stabmixer pürieren und abschmecken.

4 PERSONEN, ALS VORSPEISE | 45 MINUTEN

60 g weiße Zwiebeln
50 g Knollensellerie
35 g Karotte
8 g Ingwer
400 g Pastinaken
8 g frische Blattpetersilie
2 EL Rapsöl
70 ml Apfelsaft
350 ml Gemüsebrühe (siehe Rezept Seite 167)
120 ml süße Sahne
1–2 TL Agavendicksaft
1 TL Muskatgewürzmischung (siehe Rezept Seite 157)

Pastinakensuppe

Zwiebel, Sellerie, Karotte, Ingwer und Pastinaken schälen und in grobe Stücke schneiden. Die Blattpetersilie waschen, trocken schütteln und die dicken Stiele entfernen. Fein schneiden.

In einem Topf das Rapsöl erhitzen und Zwiebeln, Sellerie, Karotten und Ingwer leicht darin anschwitzen. Den Apfelsaft darübergeben und reduzieren lassen. Die Pastinaken hinzugeben und kurz schmoren lassen.

Anschließend mit Brühe auffüllen und das Gemüse darin fertig garen lassen. Die Mischung mit einem Stabmixer pürieren, Sahne, Agavendicksaft und Muskatgewürzmischung hinzugeben. Die Suppe aufkochen lassen und die Blattpetersilie unterrühren. Die Suppe abschmecken.

4 PERSONEN, ALS VORSPEISE | 45 MINUTEN

40 g grobe Sojaschnetzel
200 g Karotten
100 g Staudensellerie
70 g Frühlingszwiebeln
200 g Mango
5 g frische Minze
1 EL Sesamöl
1 Msp. Kurkuma
2 TL Salz
80 ml Gemüsebrühe (siehe Rezept Seite 167)
½ TL Chiliöl (siehe Rezept Seite 154)
500 ml Kokosmilch (siehe Rezept Seite 162)
1 Msp. Limettenabrieb
2 TL Limettensaft
1 EL Agavendicksaft

Kokos-Chili-Suppe

Die Sojaschnetzel im Verhältnis 1:4 in kaltem Wasser einweichen, bis sie weich sind, danach kräftig ausdrücken. Die Karotten schälen und in Scheiben schneiden. Den Sellerie waschen, den Strunk und das Blattgrün entfernen und die Stauden in Scheiben schneiden. Die Frühlingszwiebeln waschen und schräg in feine Ringe schneiden. Die Mango schälen, entkernen und würfeln. Die Minze von den dickeren Stielen befreien und klein schneiden.

Das Sesamöl in einem großen Topf erhitzen und die Sojaschnetzel darin goldgelb anbraten. Dann Karotten und Sellerie dazugeben und alles kurz schmoren. Kurkuma und Salz hinzugeben und die Mischung mit der Gemüsebrühe ablöschen. Alles aufkochen und Chiliöl und Kokosmilch unterrühren. Die Mischung kochen, bis das Gemüse gar ist.

Dann Mangowürfel, Limettenabrieb, Limettensaft, Agavendicksaft und Frühlingszwiebeln hinzugeben. Die Suppe kurz aufkochen und abschmecken.

4 PERSONEN, ALS VORSPEISE | 40 MINUTEN

180 g weiße Zwiebeln
180 g mehligkochende Kartoffeln
180 g Spitzkohl
20 g geräucherter Tofu
2 EL Rapsöl
2 TL Knoblauchöl (siehe Rezept Seite 154)
1 Prise Cumin
1 ½ TL Muskatgewürzmischung (siehe Rezept Seite 157)
350 ml Gemüsebrühe (siehe Rezept Seite 167)
140 ml süße Sahne

Spitzkohlsüppchen

MIT GERÄUCHERTEM TOFU

Die Zwiebeln abziehen, die Kartoffeln schälen und beides in feine Würfel schneiden. Den Spitzkohl waschen und in feine Streifen schneiden. Den Tofu in feine Würfel schneiden. In einem großen Topf das Rapsöl erhitzen und Zwiebeln und Tofu darin glasig anschwitzen.

Die Spitzkohlstreifen gemeinsam mit Knoblauchöl, Cumin und Muskatgewürzmischung zu der Zwiebel-Tofu-Mischung geben und mit anschwitzen. Die Kartoffeln und die Gemüsebrühe hinzugeben und das Gemüse weich kochen.

Mit dem Stabmixer alles pürieren und mit der Sahne verfeinern. Dann die Suppe abschmecken.

Im CassiusGarten gibt es keine vorgefertigten Produkte, auch keine »nachgebauten« Fleischersatzformen, da fast alle handelsüblichen Sojawürste oder Tofuschnitzel mit Hefeextrakt und/oder Aromen und Farbstoffen hergestellt werden. Wir verwenden unbearbeiteten Tofu sowie grobe und feine Sojaschnetzel, außerdem natürlich Getreide, Hülsenfrüchte und frisches Gemüse, von dem wir täglich etwa eine Tonne verarbeiten. Inspiration finden wir in aller Welt: Der Mittelmeerraum und besonders auch die arabischen und asiatischen Küchen bieten einen reichen Fundus an vegetarischen Rezepten. Heimische Traditionen sind aber auch nicht zu verachten! Jeden Freitagmittag herrscht bei uns besonderer Andrang: Dann gibt es frische Reibekuchen (siehe Rezept Seite 125), dazu hausgemachtes Apfelmus (siehe Rezept Seite 172). Schmeckt garantiert nicht nur Rheinländern!

Warme Gerichte

1–2 PERSONEN | 35 MINUTEN + 35 MINUTEN BACKEN

100 g Champignons • 120 g Zucchini • 120 g Aubergine
120 g Tomaten • 140 g rote Paprika • 120 g weiße Zwiebeln
3 g getrocknete Kräuter der Provence • 4 ½ TL Knoblauchöl (siehe Rezept Seite 154) • 2 EL Olivenöl • 1 ½ TL Muskatgewürzmischung (siehe Rezept Seite 157) • 1 Spritzer Zitronensaft
60 g Feta • 180 g Kartoffeln, z. B. Linda • 80 g schwarze Oliven mit Kern • Olivenöl zum Beträufeln

Escalivada

Die Champignons halbieren. Die Zucchini waschen und in Scheiben schneiden. Die Aubergine waschen und würfeln, die Tomaten ebenfalls waschen und achteln. Die Paprika waschen, putzen und in Spalten schneiden. Die Zwiebeln abziehen und in Spalten schneiden.

In einer Schüssel Champignons, Zucchini, Aubergine, Tomaten, Paprika und Zwiebeln mit Kräutern der Provence, Knoblauchöl, Olivenöl, Muskatgewürzmischung und Zitronensaft vermischen. Die Mischung in eine Auflaufform geben, beiseitestellen. Den Feta in Würfel schneiden.

Den Backofen auf 200 °C Umluft vorheizen. Die Kartoffeln gut waschen und unter fließendem Wasser abbürsten. Längs halbieren und mit Olivenöl beträufeln. Mit der Schnittfläche nach oben auf die Mischung in der Auflaufform legen. Das Ganze im Ofen 25 Minuten backen. Danach den Feta und die Oliven darüberstreuen und den Ofen auf 220 °C Umluft stellen. Etwa weitere 8 Minuten fertig backen.

TIPP:
Dazu am besten Brot servieren.

1–2 PERSONEN | 30 MINUTEN + 40 MINUTEN SCHMOREN

125 g grobe Sojaschnetzel • 280 g Tomaten • 180 g weiße Zwiebeln • 15 g frisches Koriandergrün • 300 g Vollkornreis
3 ⅓ EL Rapsöl • 2 TL Ingweröl (siehe Rezept Seite 154)
1 Prise Cumin • 1 Prise frisch gemahlene Nelke • 1 Prise frisch gemahlene Koriandersaat • 1 Prise frisch gemahlener Kardamom
1 Prise Kurkuma • 1 Prise Chilipulver • 50 ml Rosenwasser
2 TL Salz • 1 ⅓ TL Agavendicksaft

Unser Biryani

Die Sojaschnetzel im Verhältnis 1:4 in kaltem Wasser einweichen, bis sie weich sind, danach kräftig ausdrücken. Die Tomaten waschen und würfeln. Die Zwiebeln abziehen und ebenfalls würfeln. Den Koriander waschen, trocken schütteln, von den Stielen befreien und hacken. Den Vollkornreis in ausreichend Wasser nach Packungsanweisung weich garen.

In einer großen Pfanne das Rapsöl erhitzen und die Sojaschnetzel darin anbraten. Ingweröl, Cumin, Nelke, Koriandersaat, Kardamom, Kurkuma und Chilipulver hinzugeben, daraufhin die gewürzten Sojaschnetzel mit Rosenwasser ablöschen. Dann die Tomaten und das Salz hinzugeben und die Mischung 30-40 Minuten schmoren.

Den Reis und den Agavendicksaft unterrühren und alles noch einmal aufkochen. Zum Schluss den Koriander unterheben und die Reispfanne abschmecken.

1–2 PERSONEN | 40 MINUTEN + 40 MINUTEN BACKEN

700 g Butternut- und/oder Hokkaido-Kürbis • Olivenöl zum Anbraten • 30 g Parmesan (alternativ Grana Padano)
45 g Mozzarella • 6 g frischer Rosmarin • 1 ½ EL Olivenöl
60 g Semmelmehl • 150 ml Tomatensauce (siehe Rezept Seite 169)

Kürbis-Parmigiana

Den Kürbis putzen, aber nicht schälen. Halbieren, von den Kernen befreien und in etwa 6 mm dicke Scheiben schneiden. In einer Pfanne das Olivenöl erhitzen und die Kürbisscheiben kurz darin anbraten.

Den Backofen auf 175 °C Umluft vorheizen. Den Parmesan reiben und den Mozzarella in kleine Stücke zupfen. Den Rosmarin waschen, trocken schütteln und von den Stielen streifen. Fein hacken und unter das Semmelmehl mischen.

Eine Auflaufform mit Olivenöl auspinseln und mit Semmelmehl bestreuen. Danach zweimal schichtweise zuerst den gebratenen Kürbis, dann das Semmelmehl, die Tomatensauce, den Parmesan und zum Schluss den Mozzarella einfüllen. Zum Schluss ein weiteres Mal Semmelmehl darübergeben. Im vorgeheizten Ofen etwa 40 Minuten backen.

1–2 PERSONEN | 45 MINUTEN

90 g grobe Sojaschnetzel • 130 g weiße Zwiebeln
130 g rote Paprika • 400 g frisches Sauerkraut • 2 EL Rapsöl
2 TL Knoblauchöl (siehe Rezept Seite 154) • 1 TL edelsüßes Paprikapulver • 2 TL Tomatenmark • 185 ml Gemüsebrühe (siehe Rezept Seite 167) • 1 Prise Kümmelsaat • 1 Msp. Zitronenabrieb • 1 TL Salz • 1 Prise Cayennepfeffer • 60 g saure Sahne (alternativ Schmand)

Szegediner Krautgulasch

Die Sojaschnetzel im Verhältnis 1:4 in kaltem Wasser einweichen, bis sie weich sind, danach kräftig ausdrücken. Die Zwiebeln abziehen und in Streifen schneiden. Die Paprika waschen, putzen, in grobe Stücke schneiden und mit dem Stabmixer pürieren. Das Sauerkraut in etwa 2 cm lange Stücke schneiden.

In einer großen Pfanne Rapsöl und Knoblauchöl erhitzen und die Sojaschnetzel gemeinsam mit den Zwiebeln darin anbraten. Das Paprikapulver und das Tomatenmark hinzugeben und kurz mitbraten. Mit der Gemüsebrühe ablöschen und das Gulasch kurz köcheln lassen. Kümmel und Zitronenabrieb zugeben. Danach Paprika, Sauerkraut, Salz und Cayennepfeffer dazugeben. Das Gulasch einmal aufkochen und etwas weiterköcheln lassen. Danach das Krautgulasch abschmecken und mit der sauren Sahne servieren.

TIPP:
Dazu am besten Kartoffelpüree (siehe Rezept Seite 123) servieren.

2–4 PERSONEN | 50 MINUTEN

190 g Aubergine
3 EL Olivenöl
150 g weiße Zwiebeln
200 g rote Paprika
190 g Zucchini
300 g ganze geschälte Tomaten (aus der Dose)
1 ½ TL Olivenöl
1 ½ TL Knoblauchöl (siehe Rezept Seite 154)
5 g Kräuter der Provence
1 ½ TL Salz
1 Msp. Zitronenabrieb
1 ½ TL Agavendicksaft

Ratatouille provençale

Den Backofen auf 220 °C (Ober-/Unterhitze) vorheizen. Die Aubergine waschen und in Würfel schneiden. In einer Schüssel mit dem Olivenöl gut vermischen und alles auf ein Backblech geben. Im vorgeheizten Backofen backen, bis die Auberginenwürfel weich und leicht gebräunt sind. Sie müssen unbedingt ganz durchgegart sein, sonst sind sie ungenießbar.

Inzwischen die Zwiebeln abziehen und in Würfel schneiden. Die Paprika waschen, putzen und ebenfalls in Würfel schneiden. Die Zucchini waschen und in Scheiben schneiden. Die Dosentomaten zerquetschen.

In einem Topf das Olivenöl erhitzen und die Zwiebeln darin anschwitzen. Dann die Paprika hinzugeben und kurz schmoren. Die Zucchinischeiben dazugeben und kurz mitschmoren. Danach Knoblauchöl, Kräuter der Provence und Salz hinzugeben und ebenfalls kurz mitschmoren. Die Tomaten zugeben und die Mischung einmal aufkochen. Aubergine, Zitronenabrieb und Agavendicksaft untermischen und das Ratatouille abschmecken.

TIPP:
Dazu am besten Reis oder Nudeln servieren.

2–4 PERSONEN | 30 MINUTEN + 12 STUNDEN EINWEICHEN

250 g getrocknete Kichererbsen • 150 g weiße Zwiebeln • 120 g Karotten • 2 Eier (Größe M) • 1 TL Knoblauchöl (siehe Rezept Seite 154) • 1 ½ TL Salz • einige Tropfen Chiliöl (siehe Rezept Seite 154) • 1 Prise Cumin • 1 Prise frisch gemahlene Koriandersaat • 6 EL Olivenöl • 8 g frisches Koriandergrün • 125 g Kichererbsenmehl • Rapsöl zum Braten

Falafel

Am Vortag die getrockneten Kichererbsen in einer Schüssel mit reichlich Wasser übergießen und über Nacht einweichen.

Die Kichererbsen abtropfen lassen und in ausreichend Wasser nach Packungsanweisung garen. Die Zwiebeln abziehen und in Würfel schneiden. Die Karotten schälen und raspeln. Die Kichererbsen abgießen und mit Zwiebeln, Karotten, Eiern, Knoblauchöl, Salz, Chiliöl, Cumin, Koriandersaat und Olivenöl vermischen und in der Küchenmaschine grob mixen.

Den Koriander waschen, trocken schütteln, von den dickeren Stielen befreien und hacken. Mit dem Kichererbsenmehl unter die pürierte Mischung heben. Mit feuchten Händen aus dem Teig Bällchen formen, diese etwas flach drücken und ein kleines Loch in die Mitte drücken. In einer hohen Pfanne das Rapsöl auf etwa 170 °C erhitzen (den Stiel eines Holzlöffels in das heiße Öl halten; perlen kleine Bläschen davon ab, ist die richtige Temperatur erreicht) und die Falafel darin goldgelb von beiden Seiten ausbacken. Dabei sollte das Rapsöl bis etwas über die halbe Bällchenhöhe reichen.

TIPP:
Dazu am besten Gewürzjoghurt servieren (siehe Rezept Seite 164).

2–4 PERSONEN | 50 MINUTEN

260 g altbackene Semmeln • 245 ml Milch • 40 g grobe Sojaschnetzel • 2 TL Rapsöl • 100 g weiße Zwiebeln 14 g frische glatte Petersilie • 30 g geräucherter Tofu 30 g Butter • 190 g Käse am Stück, z. B. Emmentaler • 2 Eier (Größe S) • 1 TL Dinkelvollkornmehl • 1 TL Muskatgewürzmischung (siehe Rezept Seite 157) • Rapsöl zum Backen

Käsepressknödel

Die Semmeln in Scheiben schneiden. In einem Topf die Milch erwärmen. In einer Schüssel die Semmelscheiben mit der warmen Milch übergießen und gut durchweichen lassen. Die Sojaschnetzel im Verhältnis 1:4 in kaltem Wasser einweichen, bis sie weich sind, danach kräftig ausdrücken. In einer Pfanne in Öl braten.

Die Zwiebeln abziehen und in feine Würfel schneiden. Die Petersilie waschen, trocken schütteln, von den dickeren Stielen befreien und fein schneiden. Den Tofu in kleine Würfel schneiden. In einer Pfanne einen kleinen Teil der Butter erhitzen und den Tofu und die Zwiebeln darin anbraten. Vom Herd nehmen und die Petersilie hinzugeben. Den Käse in kleine Würfel schneiden.

Die Eier und die übrige Butter mit den eingeweichten Semmeln vermischen und etwas ziehen lassen. Danach die Tofumischung sowie Dinkelvollkornmehl, Käse, Sojaschnetzel und Muskatgewürzmischung hinzugeben. Alles zu einer homogenen Masse vermischen. Dabei darauf achten, nicht zu lange zu kneten, da die Knödel grobstückig sein sollen. In einer tiefen Pfanne das Rapsöl auf etwa 170 °C erhitzen (den Stiel eines Holzlöffels in das heiße Öl halten; perlen kleine Bläschen davon ab, ist die richtige Temperatur erreicht). Mit nassen Händen aus der Masse Bällchen formen, diese leicht flach drücken und im heißen Öl von beiden Seiten goldgelb ausbacken. Dabei sollte das Rapsöl bis etwas über die Hälfte der Höhe der Knödel reichen.

TIPP:
Dazu am besten Käsesauce oder Bärlauchsauce servieren (siehe Rezept und Tipp Béchamelsauce Seite 168).

1–2 PERSONEN | 35 MINUTEN + 25 MINUTEN BACKEN

20 g feine Sojaschnetzel • 400 g Aubergine • 350 g Champignons
90 g weiße Zwiebel • 60 g Grana Padano • 12 g Sesam
3 EL Olivenöl • 1 Ei (Größe L) • 1 TL Muskatgewürzmischung (siehe Rezept Seite 157) • 18 g Semmelmehl • ½ TL Knoblauchöl (siehe Rezept Seite 154) • 1 Eigelb • 8 Blätterteigplatten (10 x 10 cm)

Auberginen-Pilz-Strudel

Die Sojaschnetzel im Verhältnis 1:4 in kaltem Wasser einweichen, bis sie weich sind, danach kräftig ausdrücken. Die Aubergine waschen und in kleine Würfel schneiden, die Champignons ebenfalls würfeln. Die Zwiebel abziehen und in feine Würfel schneiden. Den Grana Padano fein reiben. Den Sesam in einer Pfanne ohne Öl rösten.

In einer großen Pfanne das Olivenöl erhitzen und Aubergine, Champignons, Zwiebeln und Sojaschnetzel anbraten. Die Auberginenmischung mit Grana Padano, Ei, Muskatgewürzmischung, Semmelmehl und Knoblauchöl gut vermischen.

Den Ofen auf 170 °C Umluft vorheizen. Das Eigelb mit etwas Wasser zu einer Eistreiche verschlagen. Auf zwei Backblechen Backpapier ausrollen und darauf jeweils vier Blätterteigplatten zu einer großen quadratischen Platte zusammenlegen. Die Fugen mit der Eistreiche zusammenkleben. Den oberen Rand etwa 3 cm breit mit der Eistreiche bepinseln.

Je eine Hälfte der Auberginenmasse gleichmäßig auf einer großen Blätterteigplatte verteilen, dabei den mit Eistreiche bepinselten Rand auslassen. Dann vorsichtig mithilfe des Backpapiers von unten her aufrollen. Die fertigen Rollen mit der restlichen Eistreiche bestreichen und gleichmäßig mit Sesam bestreuen. Die Rollen im Ofen etwa 25 Minuten backen.

TIPP:
Dazu passt besonders gut die Tomatensauce von Seite 169.

2–4 PERSONEN | 35 MINUTEN + 12 STUNDEN EINWEICHEN + 30 MINUTEN ZIEHEN LASSEN

70 g Kokosraspel • 100 g mehligkochende Kartoffeln (z. B. Berber oder Bintje) • 110 g weiße Zwiebeln • 150 g rote Paprika
30 g frische glatte Petersilie • 75 g feine Sojaschnetzel
3 Eier (Größe M) • 5 ½ EL Rapsöl (alternativ Kokosfett)
30 g Grünkernschrot • 55 g Semmelmehl • 1 EL mittelscharfer Senf oder Meerrettich • 2 ½ TL Tomatenmark • 2 TL Muskatgewürzmischung (siehe Rezept Seite 157) • 1 Prise Currypulver
1 TL Chilipulver • 1 ½ TL Knoblauchöl (siehe Rezept Seite 154)
1 Prise Cumin • Rapsöl zum Braten

Jamaika-Frikadellen

Am Vortag die Kokosraspel in reichlich Wasser einweichen und über Nacht kühl stellen.

Die Kokosraspel abgießen und dabei das Einweichwasser auffangen. Die Kartoffeln in ausreichend Wasser weich kochen, pellen und noch heiß durch die Kartoffelpresse drücken. Die Zwiebeln abziehen und würfeln. Die Paprika waschen, putzen und in feine Würfel schneiden. Die Petersilie waschen, trocken schütteln, von den dickeren Stielen befreien und fein schneiden.

In einer Schüssel die Kokosraspel mit 100 ml des Einweichwassers und den restlichen Zutaten vermischen und zu einer homogenen Masse verarbeiten. Mindestens 30 Minuten ziehen lassen.

In einer tiefen Pfanne das Rapsöl auf etwa 170 °C erhitzen (den Stiel eines Holzlöffels in das heiße Öl halten; perlen kleine Bläschen davon ab, ist die richtige Temperatur erreicht). Aus der Masse Frikadellen formen, diese in das heiße Öl geben und von beiden Seiten goldgelb ausbacken. Dabei sollte das Rapsöl mindestens bis etwas über die Hälfte der Höhe der Frikadellen reichen.

1–2 PERSONEN | 45 MINUTEN

100 g Buchweizen (ergibt gegart 300 g)
110 g Karotten
8 g frischer Majoran
70 g Buchweizenmehl
95 g Kichererbsenmehl
1 Msp. Zitronenabrieb
1 ½ TL Muskatgewürzmischung (siehe Rezept Seite 157)
460 ml Gemüsebrühe (siehe Rezept Seite 167)
Rapsöl zum Braten

Buchweizenbratlinge

Den Buchweizen unter fließendem Wasser waschen und abtropfen lassen. In einer Pfanne ohne Öl 10 Minuten rösten, danach in ausreichend Wasser weich garen. Die Karotten schälen und raspeln, den Majoran waschen, trocken schütteln, von den dicken Stielen streichen und hacken.

In einer Schüssel den Buchweizen noch warm mit Buchweizenmehl, Kichererbsenmehl, Karotten, Majoran, Zitronenabrieb, Muskatgewürzmischung und Gemüsebrühe oder der gleichen Menge Wasser vermischen. Die Masse nach dem Mischen komplett erkalten lassen.

In einer großen Pfanne das Rapsöl auf etwa 170 °C erhitzen, sodass der Boden knapp bedeckt ist (den Stiel eines Holzlöffels in das heiße Öl halten; perlen kleine Bläschen davon ab, ist die richtige Temperatur erreicht). Mit einem Löffel Portionen vom Buchweizenteig abstechen, diese in das heiße Öl geben und mit dem Löffel flach drücken, um einen Bratling zu formen. Beide Seiten goldgelb ausbacken.

2–4 PERSONEN | 40 MINUTEN + 10 MINUTEN KOCHEN

35 g feine Sojaschnetzel • 35 g grobe Sojaschnetzel
35 g ganzer Grünkern (ergibt gegart 70 g) • 50 g weiße Zwiebel
200 g ganze geschälte Tomaten (aus der Dose) • 120 g rote Paprika • 100 g Tomaten • 90 g Kidneybohnen (aus der Dose)
90 g Maiskörner (aus der Dose) • 8 g frisches Koriandergrün
1 ½ EL Olivenöl • 1 TL Knoblauchöl (siehe Rezept Seite 154)
1 Prise Cumin • 2 TL Tomatenmark • 9 ml Tamari (alternativ Sojasauce) • 1 TL Chiliöl (siehe Rezept Seite 154) • 200 ml Gemüsebrühe (siehe Rezept Seite 167) • 3 Limettenblätter • 1 TL Salz
25 g Zartbitterkuvertüre • 1 TL Limettensaft

Chili sin Carne

Die feinen und die groben Sojaschnetzel jeweils im Verhältnis 1:4 in kaltem Wasser einweichen, bis sie weich sind, danach kräftig ausdrücken. Den Grünkern kurz unter fließendem Wasser waschen und in der doppelten Menge Wasser garen.

Die Zwiebel abziehen und würfeln. Die Dosentomaten zerdrücken. Die Paprika und die frischen Tomaten waschen, die Paprika putzen und alles in kleine Würfel schneiden. Die Kidneybohnen und den Mais abspülen. Den Koriander waschen, trocken schütteln, von den dickeren Stielen befreien und fein schneiden.

In einer großen Pfanne das Olivenöl erhitzen und die Sojaschnetzel darin anbraten. Dann den Grünkern und das Knoblauchöl hinzugeben und kurz mitbraten. Die Mischung mit dem Cumin bestauben und das Tomatenmark dazugeben.

In einer Schüssel die Tamari, das Chiliöl und die Gemüsebrühe vermischen und die Sojaschnetzelmischung damit ablöschen. Danach Dosentomaten, Paprika, Kidneybohnen, Mais, Limettenblätter und Salz hinzugeben, alles einmal aufkochen. Das Chili etwa 10 Minuten köcheln lassen. Inzwischen die Kuvertüre grob hacken und mit Tomaten, Koriander und Limettensaft dazugeben, kurz mit erhitzen, bis die Kuvertüre geschmolzen ist, abschmecken.

2–4 PERSONEN | 40 MINUTEN

70 g grobe Sojaschnetzel
130 g mittelgroße Champignons
60 g weiße Zwiebel
2 ⅓ EL Rapsöl
9 ml Tamari (alternativ Sojasauce)
1 TL Muskatgewürzmischung (siehe Rezept Seite 157)
1 Prise Currypulver
45 ml trockener Weißwein
130 ml Gemüsebrühe (siehe Rezept Seite 167)
9 g Maisstärke
85 ml süße Sahne
1 TL Zitronensaft

Geschnetzeltes ZÜRICHER ART

Die Sojaschnetzel im Verhältnis 1:4 in kaltem Wasser einweichen, bis sie weich sind, danach kräftig ausdrücken. Die Champignons vierteln. Die Zwiebel abziehen und in sehr feine Würfel schneiden.

In einer großen Pfanne das Rapsöl erhitzen und die Sojaschnetzel darin anbraten. Dann die Champignons dazugeben und mitbraten. Zwiebel, Tamari und Muskatgewürzmischung hinzugeben und ebenfalls mitbraten. Die Mischung mit dem Currypulver bestauben und dann mit dem Weißwein ablöschen. Danach reduzieren, bis der Wein fast verschwunden ist. Die Gemüsebrühe hinzugeben, alles einmal aufkochen und die Mischung kurz köcheln lassen.

Die Maisstärke in der Sahne auflösen, das Geschnetzelte mit der aufgelösten Stärke abbinden und noch mal ein paar Minuten köcheln lassen. Den Zitronensaft zugeben und das Geschnetzelte abschmecken.

TIPP:
Dazu passen Reis, Nudeln oder Kartoffelpüree (siehe Rezept Seite 123)

2 PERSONEN | 45 MINUTEN

400 g mittelgroße Champignons
150 g weiße Zwiebel
60 ml Rapsöl
2 ½ TL Tomatenmark
1 Prise edelsüßes Paprikapulver
1 Prise gerebelter Majoran
1 Prise gerebelter Rosmarin
1 Prise Currypulver
1 Prise Cumin
2 Lorbeerblätter
1 ½ TL Muskatgewürzmischung (siehe Rezept Seite 157)
2 TL Tamari (alternativ Sojasauce)
50 ml trockener Rotwein
380 ml Gemüsebrühe (siehe Rezept Seite 167)
Maisstärke zum Abbinden

Champignongulasch

Die Champignons vierteln, die Zwiebeln abziehen und würfeln. In einem Topf das Rapsöl erhitzen und die Champignons darin gut anbraten. Die Zwiebeln dazugeben und alles dunkel schmoren. Das Tomatenmark zu der Champignonmischung geben und kurz mitbraten. Dann die Mischung mit Paprikapulver, Majoran, Rosmarin, Currypulver, Cumin, Lorbeerblättern und Muskatgewürzmischung vermengen und alles leicht anschwitzen. Mit der Tamari ablöschen und kurz reduzieren lassen.

Den Rotwein hinzugeben und gut reduzieren lassen. Mit der Brühe auffüllen. Das Gulasch einmal aufkochen und eventuell mit etwas in Wasser aufgelöster Maisstärke abbinden. Das Gulasch abschmecken.

2–4 PERSONEN | 40 MINUTEN

70 g grobe Sojaschnetzel • 60 g weiße Zwiebel • 80 g Steinpilze oder Wiesenchampignons • 100 g Gewürzgurken
2 ⅓ EL Rapsöl • 7 ml Tamari (alternativ Sojasauce)
½ TL Muskatgewürzmischung (siehe Rezept Seite 157)
1 Prise edelsüßes Paprikapulver • 1 ½ TL Tomatenmark
65 ml trockener Rotwein • 95 ml Gewürzgurkenfond
60 ml Gemüsebrühe (siehe Rezept Seite 167) • 95 g saure Sahne
60 ml süße Sahne • 7 g Maisstärke • 1 Msp. Zitronenabrieb

Geschnetzeltes

STROGANOFF-ART

Die Sojaschnetzel im Verhältnis 1:4 in kaltem Wasser einweichen, bis sie weich sind, danach kräftig ausdrücken. Die Zwiebel abziehen und in sehr feine Würfel schneiden. Die Pilze in Scheiben schneiden. Die Gewürzgurken in kleine Würfel schneiden.

In einer großen Pfanne das Rapsöl erhitzen und die Sojaschnetzel darin anbraten. Dann die Tamari gemeinsam mit Zwiebel und Pilzen dazugeben und alles schmoren. Das Gemisch mit der Muskatgewürzmischung und dem Paprikapulver bestauben und das Tomatenmark dazugeben.

In einer Schüssel den Rotwein, 30 ml des Gurkenfonds und die Gemüsebrühe mischen und damit die Sojaschnetzelmischung ablöschen. Nachdem die Sauce etwas reduziert ist, Gewürzgurken, saure und süße Sahne hinzugeben. Die Maisstärke im restlichen Gurkenwasser auflösen. Das Geschnetzelte einmal aufkochen und mit der aufgelösten Maisstärke abbinden. Ein paar Minuten köcheln lassen. Den Zitronenabrieb zugeben und das Geschnetzelte abschmecken.

TIPP:
Dazu passen Reis, Nudeln oder Kartoffelpüree (siehe Rezept Seite 123).

2–4 PERSONEN | 30 MINUTEN

350 g Grünkernschrot (ergibt gegart 700 g) • 200 g weiße Zwiebeln • 90 g Butter • 4 g frischer Majoran • 4 g frische glatte Petersilie • 1 g frischer Thymian • 175 g Quark
45 g Dinkelvollkornmehl • 18 g Semmelmehl • 2 Eier (Größe L)
2 ½ TL mittelscharfer Senf • 1 ½ TL Salz • Rapsöl zum Braten

Grünkernbratlinge

Den Grünkernschrot im Verhältnis 1:1 in kochendem Wasser garen. Die Zwiebeln abziehen und würfeln. In einer kleinen Pfanne die Butter schmelzen und die Zwiebeln darin anbraten. Majoran, Petersilie und Thymian waschen, trocken schütteln, von den dicken Stielen befreien und klein schneiden.

In einer Schüssel Grünkernschrot, Zwiebeln, Quark, Dinkelvollkornmehl, Semmelmehl, Eier, Senf, Majoran, Petersilie, Thymian und Salz vorsichtig zu einem homogenen Teig vermischen.

In einer tiefen Pfanne das Rapsöl auf etwa 170 °C erhitzen (den Stiel eines Holzlöffels in das heiße Öl halten; perlen kleine Bläschen davon ab, ist die richtige Temperatur erreicht). Mit einem Löffel Portionen vom Grünkernteig abstechen, in das heiße Öl geben und mit dem Löffel flach drücken, um einen Bratling zu formen. Beide Seiten goldgelb ausbacken.

2–4 PERSONEN | 50 MINUTEN + 12 STUNDEN MARINIEREN

100 g weiße Zwiebeln • 90 g Karotten • 80 g Knollensellerie 280 g Tofu • 3 Pimentkörner • 3 Wacholderbeeren • 200 ml trockener Rotwein • 90 ml Rotweinessig • 2 Lorbeerblätter • 2 EL Rapsöl • 1 ½ TL Tomatenmark • 7 ml Tamari (alternativ Sojasauce) • 55 g Rosinen • 2 ½ TL Muskatgewürzmischung (siehe Rezept Seite 157) • 1 Prise Lebkuchengewürz • 75 ml dunkler Zuckerrübensirup • 7 g Maisstärke • 28 ml Gemüsebrühe (siehe Rezept Seite 167) oder Wasser

Tofugulasch RHEINISCHE ART

Am Vortag die Zwiebeln abziehen, Karotten und Sellerie schälen. Die Zwiebeln in feine Streifen und sowohl Karotte als auch Sellerie in feine Würfel schneiden. Den Tofu würfeln. Pimentkörner und Wacholderbeeren in der Gewürzmühle oder im Mörser möglichst fein zerkleinern.

In einem Topf den Rotwein zusammen mit Rotweinessig, Zwiebeln, Karotten, Sellerie, Lorbeerblättern, Piment und Wacholder einmal aufkochen. Dann die Tofuwürfel hinzugeben und ein weiteres Mal aufkochen. Die Tofumischung über Nacht im Kühlschrank marinieren.

Die Mischung in ein Sieb gießen und dabei die Marinade auffangen. Lorbeerblätter entfernen und das Gemüse und den Tofu gut abtropfen lassen.

In einem Topf das Rapsöl erhitzen und Tofu und Gemüse darin anbraten. Das Tomatenmark dazugeben, dann mit Tamari und der Marinade ablöschen. Die Mischung köcheln lassen, bis das Gemüse gar ist. Danach Rosinen, Muskatgewürzmischung, Lebkuchengewürz und Zuckerrübensirup zugeben.

Die Maisstärke in der Gemüsebrühe auflösen und damit das Gulasch abbinden. Das Gulasch ein paar weitere Minuten köcheln lassen und abschmecken.

TIPP:
Dazu am besten Kartoffeln, Klöße oder Spätzle servieren.

2–4 PERSONEN | 35 MINUTEN

115 g Hirse (ergibt gegart 300 g)
40 g Käse am Stück, z. B. Emmentaler
25 g frische glatte Petersilie
35 g Dinkelvollkornmehl
45 g Kichererbsenmehl
25 g Semmelmehl
6 Eier (Größe M)
4 TL Rapsöl
1 ½ TL Muskatgewürzmischung (siehe Rezept Seite 157)
1 TL edelsüßes Paprikapulver
Rapsöl zum Braten

Hirse-Küchle

Die Hirse gut waschen. In einem Topf die Hirse in der zweieinhalbfachen Menge Wasser einmal aufkochen lassen. Dann unter ständigem Rühren ohne Deckel so lange köcheln lassen, bis die Hirse gar und die Flüssigkeit verschwunden ist. Den Käse reiben. Die Petersilie waschen, trocken schütteln, von den dicken Stielen befreien und fein schneiden.

Dinkelvollkornmehl, Kichererbsenmehl, Semmelmehl, Käse, Eier, Rapsöl, Petersilie, Muskatgewürzmischung und Paprikapulver zu der lauwarmen Hirse geben und alles gut vermischen.

In einer tiefen Pfanne das Rapsöl auf etwa 170 °C erhitzen (den Stiel eines Holzlöffels in das heiße Öl halten; perlen kleine Bläschen davon ab, ist die richtige Temperatur erreicht). Mit einem Löffel Portionen vom Teig abstechen, diese in das heiße Öl geben, zu Küchle formen und von beiden Seiten goldgelb backen.

TIPP:
Dazu passt sehr gut Mango-Chutney (siehe Rezept Seite 161).

2–4 PERSONEN | 35 MINUTEN + 12 STUNDEN MARINIEREN

130 g grobe Sojaschnetzel
300 g weiße Zwiebeln
2 ½ EL Olivenöl
1 TL Knoblauchöl (siehe Rezept Seite 154)
1 Prise Pfeffer
1 Prise Cumin
1 Prise gerebelter Majoran
1 Prise gerebelter Oregano
4 TL Tomatenmark
50 ml trockener Rotwein
40 ml Tamari (alternativ Sojasauce)
50 ml Gemüsebrühe (siehe Rezept Seite 167)
1 ½ TL Salz

Unser Gyros

Sojaschnetzel im Verhältnis 1:4 in kaltem Wasser einweichen, bis sie weich sind, danach kräftig ausdrücken. Die Zwiebeln abziehen und in feine Streifen schneiden.

In einer großen Pfanne das Olivenöl erhitzen und die Sojaschnetzel kräftig darin anbraten. Die Zwiebeln zugeben und kräftig mitbraten. Knoblauchöl, Pfeffer, Cumin, Majoran und Oregano zugeben und kurz mitbraten. Danach das Tomatenmark hinzufügen.

Die Mischung mit Rotwein und Tamari ablöschen. Den Sud etwas reduzieren lassen und dann die Gemüsebrühe aufgießen und kurz köcheln lassen. Das Gyros abschmecken.

TIPP:
Dazu am besten Reis, Weißkohlsalat (siehe Rezept Seite 28) und Tzatziki (siehe Rezept Seite 165) servieren.

4 PERSONEN | 50 MINUTEN

50 g feine Sojaschnetzel • 400 g weiße Zwiebeln • 300 g Karotten
300 g Sellerie • 15 g frisches Basilikum • 8 g frische glatte Petersilie
3 ⅓ EL Olivenöl • 20 g Grünkernschrot • 2 ½ TL Tomatenmark
80 ml trockener Rotwein • 1 Prise gerebelter Oregano
1 Prise gerebelter Thymian • 1 Prise gerebelter Majoran • 3 Msp. Muskatgewürzmischung (siehe Rezept Seite 157) • 2 Lorbeerblätter • 5 g getrocknete Tomaten • 260 g ganze geschälte Dosentomaten • 500 g Vollkornspaghetti • 10 g Zartbitterkuvertüre
1 TL Knoblauchöl (siehe Rezept Seite 154)

Spaghetti bolognese

Die Sojaschnetzel im Verhältnis 1:4 in kaltem Wasser einweichen, bis sie weich sind, danach kräftig ausdrücken. Zwiebeln, Karotten und Sellerie schälen und würfeln. Das Basilikum und die Petersilie waschen, von den dickeren Stielen befreien und klein schneiden.

In einem großen Topf das Olivenöl erhitzen und darin Zwiebeln, Karotten, Sellerie, Sojaschnetzel und Grünkernschrot kräftig anbraten. Das Tomatenmark zur Sojamischung geben, kurz mitbraten und mit Rotwein ablöschen. Oregano, Thymian, Majoran, Muskatgewürzmischung, Lorbeerblatt und getrocknete Tomaten hinzugeben. Mit Dosentomaten auffüllen und die Sauce 20 Minuten köcheln lassen.

Die Nudeln in ausreichend Salzwasser al dente kochen.

Die Zartbitterkuvertüre grob hacken und mit Basilikum und Petersilie unterrühren. Die Sauce bolognese mit Muskatgewürzmischung und Knoblauchöl verfeinern und abschmecken.

4 PERSONEN ALS BEILAGE |
20 MINUTEN + 2 STUNDEN KOCHEN

200 g weiße Zwiebeln
200 g mehlige Kartoffeln, z. B. Fontana, Bintje oder Berber
600 g Grünkohl
80 g Butter
170 ml Gemüsebrühe (siehe Rezept Seite 167)
25 ml Agavendicksaft
1 ½ EL mittelscharfer Senf
2 TL Muskatgewürzmischung (siehe Rezept Seite 157)

Grünkohl

Die Zwiebeln und die Kartoffeln schälen und würfeln. Den Grünkohl gut waschen und grob hacken. In einem großen Topf die Butter erhitzen und die Zwiebeln darin glasig anschwitzen. Dann den Grünkohl hinzugeben, mit der Gemüsebrühe auffüllen und die Kohlmischung mindestens 1 ½ Stunden garen.

Die Kartoffelwürfel hinzugeben und weitere 20 Minuten mit garen. Danach Agavendicksaft, Senf und Muskatgewürzmischung hinzugeben, den Grünkohl etwas stampfen und abschmecken.

2–4 PERSONEN | 45 MINUTEN

80 g weiße Zwiebel
60 g Parmesan
550 ml Gemüsebrühe (siehe Rezept Seite 167)
2 EL Olivenöl
240 g Arborio-Reis
1 TL Muskatgewürzmischung (siehe Rezept Seite 157)
1 Ei (Größe M)
Rapsöl zum Backen

Arborio-Reisbällchen

Die Zwiebel abziehen und in Würfel schneiden. Den Parmesan reiben. Die Gemüsebrühe in einem kleinen Topf erhitzen und auf dem Herd heiß halten.

In einem zweiten Topf das Olivenöl erhitzen und die Zwiebel darin glasig anschwitzen. Den Reis zugeben und kurz mit anschwitzen. Unter ständigem Rühren die heiße Gemüsebrühe nach und nach zugeben und die Mischung auf kleiner Flamme garen. Wenn der Reis al dente ist, die Muskatgewürzmischung hinzugeben und alles kurz abkühlen lassen. Dann Parmesan und Ei unterziehen. Die Masse abschmecken und abkühlen lassen.

Mit nassen Händen aus der erkalteten Masse Bällchen formen. In einer hohen Pfanne das Rapsöl auf etwa 170 °C erhitzen (den Stiel eines Holzlöffels in das heiße Öl halten; perlen kleine Bläschen davon ab, ist die richtige Temperatur erreicht). Die Reisbällchen darin goldgelb ausbacken. Dabei sollte das Rapsöl bis etwas über die halbe Bällchenhöhe reichen.

TIPP:
Die Bällchen lassen sich auch gut mit einer Tomate-Mozzarella-Pesto-Mischung füllen oder vor dem Ausbacken in Semmelmehl wenden. Für die Füllung 100 g Tomatenwürfel, 100 g Mozzarellawürfel und 35 g Pesto (siehe Seite 157) gut vermengen. Dazu passt besonders gut die Tomatensauce von Seite 169.

1–2 PERSONEN | 45 MINUTEN

Für die Gewürzpaste
3 g Knoblauch • 40 g weiße Zwiebel • 15 g Zitronengras
2 TL Ingweröl (siehe Rezept Seite 154) • 4 TL Rapsöl
2 Msp. Cayennepfeffer • 7 g gemahlene Koriandersaat
1 Prise Kurkuma • 20 ml Kokosmilch (siehe Rezept Seite 162)

180 g rote Paprika • 140 g Zucchini • 240 g Tofu • 12 g frischer Basilikum • 120 g breite Reisnudeln (vorzugsweise 3 mm breit; erhältlich im Asia-Laden) • 200 ml Kokosmilch (siehe Rezept Seite 162) • 60 ml Gemüsebrühe (siehe Rezept Seite 167) 2 Limettenblätter • 1 ½ TL Limettensaft • 12 ml Tamari (alternativ Sojasauce) • 1 TL Salz • 1 Prise Pfeffer

Tofu-Curry MIT REISNUDELN

Für die Gewürzpaste Knoblauch und Zwiebel abziehen, klein schneiden und in einer Schüssel vermischen. Das dünne grasige Ende des Zitronengrases abtrennen, den übrigen Teil längs einschneiden und zwei Lagen Schale entfernen. Das übrige Innere fein schneiden. Das Zitronengras zur Zwiebelmischung geben. Ingweröl, Rapsöl, Cayennepfeffer, Koriandersaat, Kurkuma und Kokosmilch zu der Zwiebelmischung geben und mit dem Stabmixer zu einer feinen Paste pürieren.

Paprika und Zucchini waschen und in Streifen bzw. Scheiben schneiden. Den Tofu würfeln. Das Basilikum waschen, trocken schütteln, von dickeren Stielen befreien und klein schneiden. Die Reisnudeln nach Packungsanweisung in heißem Wasser einweichen und abtropfen lassen.

In einer Pfanne die Gewürzpaste 3–4 Minuten scharf anbraten. Dann Kokosmilch, Gemüsebrühe und Limettenblätter zugeben. Aufkochen und etwa 10 Minuten köcheln lassen. Dann Paprika, Zucchini und Tofu hinzugeben und kurz mitköcheln lassen. Die Reisnudeln hinzugeben und 1–2 Minuten erhitzen. Den Limettensaft, die Tamari, Salz und Pfeffer hinzugeben. Das Curry abschmecken. Zum Schluss das Basilikum unterheben.

4 PERSONEN ALS BEILAGE |
30 MINUTEN + 12 STUNDEN ZIEHEN LASSEN
+ 30 MINUTEN BACKEN

620 g Kartoffeln, z. B. Linda
115 ml Milch
20 g Butter
2 TL Muskatgewürzmischung (siehe Rezept Seite 157)
230 ml süße Sahne
1 TL Knoblauchöl (siehe Rezept Seite 154)

Kartoffelgratin

Die Kartoffeln gut waschen und in 3 mm dünne Scheiben schneiden.

Die Milch mit der Butter und der Muskatgewürzmischung in einem großen Topf erhitzen. Die Kartoffelscheiben in der Milchmischung etwa 10 Minuten unter ständigem, vorsichtigem Rühren köcheln lassen. Sobald die Kartoffelscheiben dabei von einer cremigen Schicht überzogen sind, die Sahne hinzufügen und alles nochmals 10 Minuten köcheln lassen. Dann mit dem Knoblauchöl würzen.

Nun die Masse in eine Form füllen und über Nacht im Kühlschrank ziehen lassen. Den Ofen auf 170 °C Umluft vorheizen und das Gratin etwa 30 Minuten goldgelb backen.

4 PERSONEN ALS BEILAGE | 40 MINUTEN

850 g mehlige Kartoffeln, z. B. Fontana, Bintje oder Berber
200 ml Milch
90 g Butter
1 TL Muskatgewürzmischung (siehe Rezept Seite 157)

Kartoffelpüree

Die Kartoffeln schälen, in einem Topf mit Wasser bedeckt so lange garen, bis sie weich sind, abgießen und ausdampfen lassen. Die Kartoffeln heiß pressen.

Die Milch erhitzen. Darin die Butter auflösen und die Muskatgewürzmischung hinzugeben. Alles einmal aufkochen und über die heißen, gepressten Kartoffeln geben. Die Milchmischung mit einem Spatel unterheben und dabei darauf achten, das Kartoffelpüree nicht zu stark zu verrühren. Das Kartoffelpüree abschmecken.

1–2 PERSONEN | 35 MINUTEN

1 kg mehligkochende Kartoffeln, z. B. Fontana, Bintje
oder Berber
65 g weiße Zwiebel
1 Ei (Größe M)
1 TL Muskatgewürzmischung (siehe Rezept Seite 157)
25 g Maisstärke
¼ TL Zitronensaft
Rapsöl zum Braten

Rheinischer Reibekuchen

Die Kartoffeln schälen und fein reiben. Die Zwiebel abziehen und sehr fein schneiden. In einer Schüssel die geriebenen Kartoffeln mit Ei, Zwiebel, Muskatgewürzmischung, Maisstärke und Zitronensaft mischen und zu einer homogenen Masse verarbeiten.

In einer tiefen Pfanne 2 cm hoch Rapsöl auf etwa 170 °C erhitzen (den Stiel eines Holzlöffels in das heiße Öl halten; perlen kleine Bläschen davon ab, ist die richtige Temperatur erreicht). Mit einem großen Löffel Portionen vom Teig abstechen und zu Reibekuchen formen. Nach und nach im heißen Öl von beiden Seiten goldgelb ausbacken.

TIPP:
Dazu am besten Apfelmus (siehe Rezept Seite 172) servieren.

1–2 PERSONEN | 25 MINUTEN + 1 ½–2 STUNDEN BACKEN

900 g mehligkochende Kartoffeln, z. B. Fontana, Bintje oder Berber
180 g weiße Zwiebeln
1 Ei (Größe S)
30 g Haferflocken
1 ½ TL Muskatgewürzmischung (siehe Rezept Seite 157)
1 Prise gerebelter Majoran
4 ⅓ EL Rapsöl

Unser Kesselknall

Den Backofen auf 200 °C Umluft vorheizen. Die Kartoffeln schälen und fein reiben. Die Zwiebeln abziehen und sehr fein schneiden. In einer Schüssel die geriebenen Kartoffeln mit Zwiebeln, Ei, Haferflocken, Muskatgewürzmischung und Majoran vermischen und zu einer homogenen Masse verarbeiten.

Eine 4–6 cm hohe ofenfeste Form mit etwas Rapsöl ausreiben und die Kartoffelmasse einfüllen. Das restliche Rapsöl darauf träufeln. Im vorgeheizten Ofen 1 ½–2 Stunden backen.

TIPP:
Dazu am besten Apfelmus (siehe Rezept Seite 162) servieren.

2–4 PERSONEN | 15 MINUTEN + 20 MINUTEN BACKEN

600 g Spinat
2 Eier (Größe L)
90 ml Rapsöl
1 ½ TL Knoblauchöl (siehe Rezept 154)
120 g weiße Zwiebeln
30 g Parmesan
95 g Semmelmehl
3 Msp. Muskatgewürzmischung (siehe Rezept 157)
1 Msp. Garam Masala

Spinatbällchen

Den Spinat verlesen und kurz waschen. In eine Schüssel kaltes Wasser und Eiswürfel geben. Den Spinat in kochendem Wasser kurz blanchieren, abgießen und im Eiswasser abschrecken. Anschließend den Spinat mit den Händen auspressen. Eier, Rapsöl und Knoblauchöl dazugeben und alles zusammen mithilfe eines Stabmixers zerkleinern. Die Zwiebeln abziehen und in sehr feine Würfel schneiden. Den Parmesan reiben.

Den Backofen auf 190 °C Umluft vorheizen. In einer Schüssel den gemixten Spinat mit Zwiebeln, Parmesan, Semmelmehl, Eiern, Rapsöl, Muskatgewürzmischung, Garam Masala und Knoblauchöl vermischen und alles zu einer homogenen Masse verarbeiten.

Die Masse zu Bällchen formen, auf ein mit Backpapier belegtes Backblech geben und etwa 20 Minuten im Ofen backen.

TIPP:
Auf den fertigen, noch heißen Spinatbällchen ein Stück Brie de Meaux zerlaufen lassen.

2–4 PERSONEN | 45 MINUTEN

360 g mehlige Kartoffeln, z. B. Fontana, Bintje oder Berber
300 g frisches Sauerkraut • 75 g Aprikosen • 30 g Butter
4 ½ EL Semmelmehl • 2 TL Agavendicksaft • 1 TL edelsüßes Paprikapulver • 1 TL Muskatgewürzmischung (siehe Rezept Seite 157) • 1 Ei (Größe L) • 25 g Parmesan • Rapsöl zum Ausbacken

Sauerkraut-Kartoffel-Kroketten

Die Kartoffeln in ausreichend Wasser weich kochen, pellen und noch heiß durch die Kartoffelpresse drücken. Das Sauerkraut gut ausdrücken und in etwa 2 cm große Stücke schneiden. Die Aprikosen waschen, entkernen und würfeln. Die Butter in einem kleinen Topf schmelzen.

In einer Schüssel die gepressten Kartoffeln mit dem Sauerkraut, der Butter, 3 EL Semmelmehl, Agavendicksaft, Paprikapulver und Muskatgewürzmischung vermengen. Am Ende die Aprikosenwürfel unterheben.

Das Ei aufschlagen und in einem tiefen Teller kurz verrühren. Den Parmesan reiben und in einem weiteren tiefen Teller mit dem übrigen Semmelmehl vermischen. Die Kartoffel-Sauerkraut-Mischung nun zu Kroketten formen, durch das Ei ziehen und danach in der Parmesanmischung wälzen.

In einer Pfanne das Rapsöl auf ca. 170 °C erhitzen (den Stiel eines Holzlöffels in das heiße Öl halten; perlen kleine Bläschen davon ab, ist die richtige Temperatur erreicht) und die Kroketten darin goldgelb backen. Dabei sollte das Rapsöl mindestens bis über die Hälfte der Krokette reichen.

TIPP:
In die Krokettenmasse zusätzlich 150 g gegarten und kross gebratenen Buchweizen mischen. Das macht die Kroketten etwas körniger.

Fast jeder Mensch liebt Süßes. Kühle, sahnige Desserts, Eiscreme oder feine Confiserie schließen ein Mittag- oder Abendessen mit einem Höhepunkt ab. Und was wäre die Nachmittagspause ohne ein Stück Kuchen oder Torte zum Kaffee?

Für unsere Desserts, Confiserie und Backwaren gilt dasselbe wie für alle Gerichte aus der CassiusGarten-Küche: Sie bestehen aus einfachen, natürlichen Zutaten wie frischen Milchprodukten und Eiern, Vollkorngetreide, Rohrohrzucker, Schokolade, Nüssen, Früchten, echter Vanille, Zimt und weiteren feinen Gewürzen. Sie sind vollwertige Nahrungsmittel mit feiner Süße. Das Wichtigste aber: Sie sind einfach lecker! Für unser Kochbuch haben wir unsere beliebtesten Dessertrezepte ausgewählt. Die Zutaten sind leicht erhältlich, und die Nachspeisen gelingen sicher.

Desserts

4–6 PERSONEN | 15 MINUTEN + 12 STUNDEN ENTWÄSSERN

650 g Quark
100 g Rohrohrzucker
1 Prise Salz
250 ml süße Sahne
160 g ungesüßtes Mangopüree (aus der Dose oder selbst gemacht)

Mangocreme

Am Vortag den Quark in ein Geschirrtuch geben, dieses in einem Sieb über eine Schüssel hängen und über Nacht im Kühlschrank abtropfen lassen.

Den entwässerten Quark mit Zucker, Salz und Sahne vermischen und 10 Minuten glatt rühren. Dann das Mangopüree unterrühren.

4 PERSONEN | 40 MINUTEN

90 g Zartbitterkuvertüre
660 ml Milch
40 g Kakaopulver
90 g Rohrohrzucker
1 Prise Salz
1 Msp. frisches Vanillemark
60 g Maisstärke
460 ml süße Sahne

Schokoladenpudding

Die Zartbitterkuvertüre raspeln.

Die Milch in einen großen Topf geben, Kakaopulver, Zucker, Salz und Vanillemark dazugeben. Unter ständigem Rühren aufkochen. Die Maisstärke mit 60 ml Sahne verrühren und die Mischung zur Milch geben, etwa 1 Minute kochen lassen.. Den Topf vom Herd nehmen und die Zartbitterkuvertüre unterrühren, bis sie geschmolzen ist. Den Pudding in eine Schüssel füllen und mit Folie abdecken, sodass keine Haut entsteht. Im Kühlschrank komplett abkühlen lassen.

Den kalten Pudding einmal aufrühren. Die übrige Sahne steif schlagen und vorsichtig unter den Pudding heben.

4 PERSONEN | 40 MINUTEN

700 ml süße Sahne
500 ml Milch
190 g Carobpulver (erhältlich im Biosupermarkt)
1 Prise Salz
1 Eigelb
75 g Maisstärke
3 ½ EL Honig

Carobcreme

200 ml Sahne, Milch, Carobpulver, Salz und Eigelb mit einem Stabmixer gut verrühren. Die Mischung in einen großen Topf geben und unter ständigem Rühren aufkochen. Die Maisstärke in 100 ml Sahne auflösen und in die Milch geben. Kurz köcheln lassen, dann in eine Schüssel füllen und mit Folie abdecken, sodass keine Haut entsteht. Im Kühlschrank komplett abkühlen lassen.

Die kalte Creme mit dem Honig glatt rühren. Die übrige Sahne steif schlagen und vorsichtig unter die Creme heben.

4 PERSONEN | 35 MINUTEN + 12 STUNDEN ENTWÄSSERN

500 g Quark
40 g Rosinen
15 g Haselnusskerne
1 Prise Salz
4 TL Honig
280 ml süße Sahne
90 g Apfel, z. B. Elstar oder Jonagold
90 g Banane

Sahnequark

Am Vortag 265 g Quark in ein Geschirrtuch geben, dieses in einem Sieb über eine Schüssel hängen und über Nacht im Kühlschrank abtropfen lassen.

Die Rosinen mit kochendem Wasser übergießen und 10 Minuten einweichen und abtropfen lassen. Die Haselnusskerne in einer Pfanne ohne Öl rösten, dann fein hacken.

Den entwässerten Quark mit dem übrigen Quark und dem Salz vermischen und 10 Minuten gut verrühren. Dann Rosinen, Haselnüsse und Honig unterrühren.

Die Sahne steif schlagen und unter die Quarkmischung heben. Den Apfel waschen, vom Kerngehäuse befreien, nicht schälen und in Stifte schneiden, die Banane schälen und in Scheiben schneiden. Beides sofort unterheben.

4 PERSONEN | 30 MINUTEN

60 g Haselnusskerne
20 g Leinsamen
3 EL Honig
400 ml süße Sahne
1 Prise Salz
150 g Weizenflocken
200 g Äpfel, z. B. Elstar oder Jonagold
120 g Banane

Unser Müsli

Die Haselnusskerne in einer Pfanne ohne Öl rösten, dann fein hacken. Die Leinsamen wenn möglich in einer Flockenquetsche quetschen.

Den Honig mit 200 ml Sahne, Salz, Haselnüssen und Leinsamen vermischen. Die Weizenflocken ebenfalls darunter mischen.

Die übrige Sahne steif schlagen und unter die Weizenflockenmischung heben. Die Äpfel waschen, vom Kerngehäuse befreien, nicht schälen und in Stifte schneiden, die Banane schälen und in Scheiben schneiden. Beides unter das Müsli heben.

4 PERSONEN | 30 MINUTEN + 12 STUNDEN ENTWÄSSERN

600 g Quark
2 EL Honig
1 Msp. frisches Vanillemark
370 ml süße Sahne
2 Eiweiß (Größe L)
1 Prise Salz

BAYRISCHES Weißkäsegeheimnis

Am Vortag den Quark in ein Geschirrtuch geben, dieses in einem Sieb über eine Schüssel hängen und über Nacht im Kühlschrank abtropfen lassen.

Den entwässerten Quark mit 1 EL Honig und dem Vanillemark vermischen und 10 Minuten gut verrühren. Die Sahne dazugeben und weitere 10 Minuten rühren.

Das Eiweiß mit dem übrigen Honig und dem Salz steif schlagen. Die Eiweißmischung vorsichtig unter die Quarkmischung heben und das Dessert sofort kalt stellen.

ERGIBT ETWA 1 KG | 15 MINUTEN + 12 STUNDEN ENTWÄSSERN

1,4 kg Naturjoghurt
15 g frisches Basilikum
1 EL Limettensaft
2 Msp. Limettenabrieb
80 g Rohrohrzucker
50 ml süße Sahne

Limettenjoghurt MIT BASILIKUM

Am Vortag den Naturjoghurt in ein Geschirrtuch geben, dieses in einem Sieb über eine Schüssel hängen und über Nacht im Kühlschrank abtropfen lassen.

Den abgehangenen Naturjoghurt mindestens 10 Minuten glatt rühren. Den Basilikum waschen, trocken schütteln und die dicken Stiele entfernen. In einer Schüssel Basilikum und Limettensaft mit dem Stabmixer fein zerkleinern. Dann die Limetten-Basilikum-Mischung mit dem Limettenabrieb und dem Rohrohrzucker unter den Joghurt rühren. Zum Schluss die Sahne steif schlagen und ebenfalls unter den Joghurt heben. Den Joghurt abschmecken.

FÜR EINE SPRINGFORM MIT 26 CM DURCHMESSER |
45 Minuten + 30 Minuten ruhen

Für den Teig
160 g Butter plus mehr für die Form • 1 Eigelb (Größe L)
130 g Rohrohrzucker • 14 g frische Hefe • 2 Msp. Zitronenabrieb
3 Msp. frisches Vanillemark • 300 g Dinkelvollkornmehl

Für den Pudding
500 ml Milch • 4 Eigelb (Größe L) • 100 g Rohrohrzucker
70 g Dinkelmehl • Mark von 1 Vanilleschote • einige Stücke Zitronenschale

Außerdem
verschiedene Marmeladen

Sardischer Kuchen
NACH EFISIO

Alle Zutaten sollten Zimmertemperatur haben. Die Springform einfetten. Den Ofen auf 170 °C vorheizen.

Für den Teig die Butter mit Eigelb, Rohrohrzucker, Hefe, Zitronenabrieb, Vanillemark und Mehl verkneten. Den Teig, in Folie gewickelt, 30 Minuten im Kühlschrank ruhen lassen.

Danach den Teig zwischen Backpapier oder Frischhaltefolie dünn ausrollen, den Boden für die Springform ausschneiden und in die Form legen. Den übrigen Teig nochmals dünn ausrollen, in 2 cm breite Bahnen schneiden und die Wände der Springform damit auskleiden. Den übrigen ausgerollten Teig im Kühlschrank beiseitelegen.

Für den Pudding die Milch mit Eigelb, Rohrohrzucker, Dinkelmehl, Vanillemark und Zitronenschale unter ständigem Rühren in einem Topf aufkochen lassen. Dann die Zitronenschale entfernen. Den Pudding in die mit Teig ausgelegte Springform gießen. Den restlichen ausgerollten Teig in 1 cm dicke Streifen schneiden und gitterförmig auf den Pudding legen.

Den Kuchen im vorgeheizten Ofen etwa 35 Minuten backen. Zum Schluss die offenen Gitterstellen des noch warmen Kuchens mit verschiedenen Marmeladen füllen.

FÜR EINE TORTENFORM MIT EINEM DURCHMESSER VON 16 CM | 20 MINUTEN + 80 MINUTEN BACKEN

100 g Butter plus mehr für die Form
170 g fein gemahlene Mandeln
2 TL Kakaopulver
120 g Zartbitterkuvertüre
2 Eier (Größe L)
1 Msp. frisches Vanillemark
100 g Rohrohrzucker
Puderzucker zum Bestauben

Capri-Torte

Alle Zutaten sollten Zimmertemperatur haben. Die Tortenform einfetten. Den Ofen auf 210 °C vorheizen.

In einer Schüssel die Butter mit den Mandeln und dem Kakaopulver vermischen. Die Zartbitterkuvertüre sehr fein reiben.

Die Eier mit dem Vanillemark und dem Rohrohrzucker über einem Wasserbad aufschlagen, bis die Masse 37 Grad erreicht hat. Danach die Masse in einem Eisbad kalt schlagen, bis sie fest ist.

Die Eimasse zur Buttermasse geben und zusammen mit der Kuvertüre unterheben. Den Teig in die Form geben. Den Ofen auf 160 °C stellen und den Kuchen 40 Minuten backen. Danach den Ofen auf 140 °C stellen und den Kuchen weitere 40 Minuten backen.

Nach dem Backen den Kuchen mindestens 10 Minuten ruhen lassen. Dann den Kuchen aus der Form nehmen und auf einem Gitter auskühlen lassen. Mit Puderzucker bestaubt servieren.

Möglichst wenig hinzufügen, stattdessen das ganze Potenzial aus einem Produkt herausholen, das ist einer unserer Grundsätze. Lebensmittelzusatzstoffe, die sogenannten E-Nummern gibt es bei uns nicht, nicht einmal gekörnte (Bio-) Brühe, für viele eine Standardzutat. Man braucht sie einfach nicht. Unsere wichtigsten Würz-Basics sind leicht zuzubereiten. Sie sind Grundlage für viele Gerichte und geben ihnen z. B. in Form selbst gemachter aromatisierter Öle Tiefe und Raffinesse. Die Saucen, Dips und Chutneys, die wir Ihnen vorstellen, sind vielseitig verwendbar; sie schmecken zu Salaten, rohem, gebratenem oder gekochtem Gemüse und lassen sich nach Geschmack leicht variieren: Ein paar Tropfen Chiliöl machen aus einem Teller Nudeln mit Tomatensauce scharfe Penne all'Arrabbiata.

Basics, Dips und Saucen

ERGIBT ETWA 1 L | 15 MINUTEN

70 g frischer Dill
70 g frische glatte Petersilie
30 g frischer Schnittlauch
1 EL Agavendicksaft
3 TL mittelscharfer Senf
75 ml Apfelessig
1 ½ TL Salz
1 Prise Pfeffer
260 ml Gemüsebrühe (siehe Rezept Seite 167)
660 ml Sonnenblumenöl

Kräutervinaigrette

Dill, Petersilie und Schnittlauch waschen und trocken schütteln. Die dickeren Stiele und Enden entfernen. Die Kräuter mit Agavendicksaft, Senf, Apfelessig, Salz und Pfeffer zur Gemüsebrühe geben und mit dem Stabmixer alles gut durchmixen.

Dann unter stetigem Mixen das Sonnenblumenöl tropfenweise einfließen lassen, sodass eine Bindung entsteht.
Im Kühlschrank ist die Vinaigrette etwa 2 Tage haltbar.

ERGIBT ETWA 400 ML | 15 MINUTEN + 24 STUNDEN ZIEHEN LASSEN

300 g Knoblauch • 340 g Rapsöl

Knoblauchöl

Den Knoblauch abziehen und grob schneiden. Mit dem Rapsöl vermischen und alles mit dem Stabmixer pürieren. Mindestens 24 Stunden ziehen lassen und gekühlt aufbewahren. Im Kühlschrank ist das Öl etwa 1 Woche haltbar.

ERGIBT ETWA 500 ML | 15 MINUTEN + 24 STUNDEN ZIEHEN LASSEN

400 g frischer Ingwer • 500 ml Rapsöl

Ingweröl

Den Ingwer schälen und grob schneiden. Mit dem Rapsöl vermischen und alles mit dem Stabmixer pürieren. Mindestens 24 Stunden ziehen lassen und gekühlt aufbewahren. Im Kühlschrank ist das Öl etwa 1 Woche haltbar.

ERGIBT ETWA 500 ML | 15 MINUTEN + 24 STUNDEN ZIEHEN LASSEN

250 g Thaichilis (erhältlich im Asia-Laden) • 500 ml Rapsöl

Chiliöl

Die Thaichilis waschen und grob schneiden. Mit Kernen mit dem Rapsöl vermischen und alles mit dem Stabmixer pürieren. Mindestens 24 Stunden ziehen lassen und gekühlt aufbewahren. Im Kühlschrank ist das Öl etwa 1 Woche haltbar.

byodo
PREMIUM OLIVENÖL
NATIV EXTRA
OLIO
OLIVA
FRUTTATO
BIO
FRUCHTIG KRÄFTIG

ERGIBT ETWA 1 KG | 35 MINUTEN

40 g Knoblauch • 200 g Parmesan (alternativ Grana Padano) • 200 g Mandeln (alternativ Pinienkerne) • 350 g frisches Basilikum • 750 ml Olivenöl

Basilikum-Pesto

Den Knoblauch abziehen und grob hacken. Den Parmesan reiben. Die Mandeln grob hacken. Das Basilikum waschen, trocken schütteln und die Blätter abzupfen.

Knoblauch, Parmesan und Mandeln mischen und mit dem Stabmixer pürieren. Das Basilikum hinzufügen und noch mal pürieren. Dann das Olivenöl unterrühren.

Das Pesto ist im Kühlschrank mindestens 1 Woche haltbar.

ERGIBT ETWA 500 G | 5 MINUTEN

500 g Salz • 5 g frisch gemahlene Muskatnuss
10 g frisch gemahlener Pfeffer

Muskatgewürzmischung

Salz, Muskat und Pfeffer gut vermischen.

ERGIBT ETWA 1 KG | 15 MINUTEN

30 g frischer Majoran • 120 g Tomaten • 50 g rote Zwiebel
780 g Hüttenkäse • 60 ml Olivenöl • 1 ½ TL Muskatgewürzmischung
(siehe Rezept Seite 157)

Hüttenkäse MIT MAJORAN

Den Majoran waschen, trocken schütteln und von den Stielen befreien. Fein schneiden. Die Tomaten waschen und fein würfeln. Die Zwiebel abziehen und ebenfalls fein würfeln.

Den Hüttenkäse mit Majoran, Tomaten, Zwiebel, Olivenöl und der Muskatgewürzmischung vermengen. Zum Schluss den Hüttenkäse abschmecken.

ERGIBT ETWA 1 KG | 30 MINUTEN + 12 STUNDEN ENTWÄSSERN

650 g Quark • 45 g weiße Zwiebel • 40 g frische glatte Petersilie
35 g frischer Schnittlauch • 40 g frischer Dill • 280 ml süße Sahne
2 TL Salz • 1 TL Knoblauchöl (siehe Rezept Seite 154) • 1 Prise Pfeffer

Kräuterquark

Am Vortag 250 g Quark in ein Geschirrtuch geben, dieses in einem Sieb über eine Schüssel hängen und über Nacht im Kühlschrank abtropfen lassen.

Die Zwiebeln abziehen und würfeln. Petersilie, Schnittlauch und Dill waschen, trocken schütteln und Petersilie und Dill von dickeren Stielen befreien. Alles fein schneiden.

Den entwässerten Quark mit dem übrigen Quark und der Sahne vermischen und 10 Minuten gut verrühren. Salz, Knoblauchöl und Pfeffer unterrühren. Dann Petersilie, Schnittlauch, Dill und Zwiebeln unterheben. Den Kräuterquark abschmecken.

ERGIBT ETWA 1 KG | 45 MINUTEN

200 g weiße Zwiebeln • 7 g frische rote Thaichili (erhältlich im Asia-Laden) 800 g Zucchini • 90 g Apfel, z. B. Elstar oder Jonagold • Rapsöl zum Anschwitzen • 1 TL Currypulver • 55 g Rohrohrzucker • 10 g frisches Koriandergrün • 1 EL frischer Zitronensaft • 1 Prise Cumin • 2 TL Muskatgewürzmischung (siehe Rezept Seite 157) • 1 TL Agavendicksaft

Zucchini-Chutney

Die Zwiebeln abziehen und würfeln. Die Thaichili entkernen und hacken. Die Zucchini waschen und in Würfel schneiden. Den Apfel entkernen, nicht schälen und ebenfalls würfeln. In einem Topf wenig Rapsöl erhitzen und die Zwiebeln farblos darin anschwitzen. Dann Zucchini, Apfel und Thaichili hinzugeben und etwa 15 Minuten schmoren. Die Mischung mit Curry bestauben und den Rohrohrzucker einstreuen. Alles gut verrühren. Den Koriander waschen und trocken schütteln. Die dickeren Stiele entfernen. Ein wenig der Zucchinimasse entnehmen, gemeinsam mit dem Koriander in der Küchenmaschine mixen und wieder in den Topf geben und untermischen. Zum Schluss mit Zitronensaft, Cumin, Muskatgewürzmischung und Agavendicksaft würzen, einmal aufkochen, abschmecken und rasch kühlen.

ERGIBT ETWA 1 KG | 35 MINUTEN

700 g Mango • 300 g weiße Zwiebeln • 1 TL gelbe Senfkörner • Rapsöl zum Braten • 2 Limonenblätter • 1 Prise Kurkuma • 2 TL Ingweröl (siehe Rezept Seite 154) • 1 ½ TL Chiliöl (siehe Rezept Seite 154) • ½ TL Salz 1 TL Agavendicksaft • 90 ml Kokosmilch (siehe Rezept Seite 162) 200 g ungesüßtes Mangopüree (aus der Dose oder selbst gemacht)

Mango-Chutney

Die Mango schälen, die Zwiebeln abziehen und alles würfeln. Die Senfkörner in einer Pfanne ohne Fett anrösten. Die Zwiebeln mit sehr wenig Rapsöl dazugeben und glasig anschwitzen. Limonenblätter, Kurkuma, Ingweröl, Chiliöl, Salz und Agavendicksaft zugeben und anschwitzen. Dann Kokosmilch und Mangopüree hinzugeben und etwas reduzieren lassen. Die Mangowürfel hinzugeben und unter ständigem Rühren die Mischung einmal aufkochen lassen, abschmecken und rasch abkühlen.

ERGIBT ETWA 1 L | 25 MINUTEN

330 g Kokosflocken

Kokosmilch

In einem großen Topf 1 l Wasser zum Kochen bringen. Die Kokosflocken in eine große Schüssel geben und mit dem kochenden Wasser übergießen. Mindestens 15 Minuten ziehen lassen und dabei ab und zu umrühren. Danach die eingeweichten Kokosflocken mit dem Einweichwasser mit dem Stabmixer pürieren.

Mithilfe eines Geschirrtuchs die Mischung kräftig auspressen und dabei die sogenannte dicke Kokosmilch auffangen.

ERGIBT ETWA 1 KG |
15 MINUTEN + 12 STUNDEN ENTWÄSSERN

1,5 kg Naturjoghurt
70 g Olivenöl
3 Msp. Garam Masala
3 Msp. Muskatgewürzmischung (siehe Rezept Seite 157)
10 ml Agavendicksaft

Gewürzjoghurt

Am Vortag den Naturjoghurt in ein Geschirrtuch geben, dieses in einem Sieb über eine Schüssel hängen und über Nacht im Kühlschrank abtropfen lassen.

Den entwässerten Joghurt mindestens 10 Minuten glatt rühren. Danach Olivenöl, Garam Masala, Muskatgewürzmischung und Agavendicksaft unterrühren und den Joghurt abschmecken.

ERGIBT 1 KG | 20 MINUTEN + 12 STUNDEN ENTWÄSSERN

1 kg Naturjoghurt
150 g Gurke
20 g frischer Dill
1 ½ TL Muskatgewürzmischung (siehe Rezept Seite 157)
1 ½ EL Olivenöl
1 EL Knoblauchöl (siehe Rezept Seite 154)

Tzatziki

Am Vortag den Naturjoghurt in ein Geschirrtuch geben, dieses in einem Sieb über eine Schüssel hängen und über Nacht im Kühlschrank abtropfen lassen.

Die Gurke waschen, halbieren, entkernen und in dünne Streifen schneiden. Den Dill waschen, trocken schütteln und von den Stielen befreien. Fein schneiden. In einer Schüssel die Gurkenstreifen mit der Muskatgewürzmischung und dem Dill verkneten und kurz ziehen lassen.

Den abgehangenen Joghurt mindestens 10 Minuten glatt rühren. Danach Olivenöl und Knoblauchöl unterrühren. Die Gurkenmasse unter die Joghurtmischung heben, nochmals etwas ziehen lassen und den Tzatziki abschmecken.

ERGIBT ETWA 1 L | 30 MINUTEN + 30 MINUTEN KOCHEN LASSEN

40 g weiße Zwiebel
20 g Karotte
30 g Lauch
15 g Knollensellerie
15 g Fenchel
15 g Petersilienwurzel
20 g Tomate
20 g Champignons
4 g Knoblauch
1 TL Rapsöl
2 Lorbeerblätter
4 Pfefferkörner

Gemüsebrühe

Das Gemüse waschen und mit der Schale in grobe Würfel schneiden. Den Knoblauch abziehen und mit der flachen Seite eines Messers andrücken.

In einem großen Topf das Rapsöl erhitzen und Zwiebel, Sellerie und Knoblauch darin hell anbraten. Karotte, Lauch, Fenchel, Petersilienwurzel, Tomate, Champignons, Lorbeer und Pfefferkörner zugeben und kurz mitbraten. Mit 1,2 l Wasser auffüllen und mindestens 30 Minuten köcheln lassen.

Danach die Gemüsebrühe durch ein feines Sieb passieren.

ERGIBT ETWA 1 L | 20 MINUTEN + 30 MINUTEN KOCHEN LASSEN

30 g weiße Zwiebeln
25 g Butter
60 g Dinkelvollkornmehl
900 ml kalte Milch
2 Lorbeerblätter
2 Nelken
3 Pfefferkörner
1 Prise frisch gemahlene Muskatnuss
2 TL Salz

Béchamelsauce

Die Zwiebeln abziehen und fein würfeln. In einer Pfanne die Butter erhitzen und die Zwiebeln darin glasig anschwitzen. Das Mehl hinzugeben und weiß mit anschwitzen. Milch, Lorbeer, Nelken, Pfefferkörner, Muskat und Salz hinzugeben und alles unter ständigem Rühren 30 Minuten kochen. Die Sauce durch ein feines Sieb passieren und abschmecken.

TIPP:
Die fertige Béchamelsauce kann z. B. mi Käse, Bärlauch oder anderen Kräutern vermixt werden. So entstehen leckere Saucenvariationen.

ERGIBT ETWA 1 L | 25 MINUTEN + 1 STUNDE KOCHEN LASSEN

80 g weiße Zwiebel
50 g Knollensellerie
100 g Karotten
2 TL Olivenöl
2 ½ TL Salz
770 g ganze geschälte Tomaten (aus der Dose)
2 TL Agavendicksaft

Tomatensauce

Die Zwiebel abziehen und fein würfeln. Sellerie und Karotten schälen und ebenfalls würfeln.

In einem Topf das Olivenöl erhitzen und das Wurzelgemüse farblos darin anschwitzen. Dann salzen, kurz Wasser ziehen lassen und reduzieren. Die Mischung mit den Tomaten auffüllen und ca. 1 Stunde köcheln lassen. Den Agavendicksaft hinzugeben und die Mischung mit dem Stabmixer pürieren. Die Sauce abschmecken.

ERGIBT 1 KG | 20 MINUTEN

900 g schwarze Oliven mit Kern
150 g Kapern
20 ml Zitronensaft
55 ml Olivenöl

Tapenade

Die Oliven entkernen. Oliven, Kapern und Zitronensaft mischen und mit einem Stabmixer sehr fein zerkleinern. Danach das Olivenöl unterziehen.

TIPP:
Schmeckt sehr lecker auf geröstetem Brot oder zu gebratenen Pastinaken.

ERGIBT 500 G | 10 MINUTEN

2 Eigelb (Größe L)
1 Prise Salz
1 Msp. Senf
1 Schuss Rotweinessig
1 Schuss Zitronensaft
1 TL Worcestersauce
450 ml Öl

Mayonnaise

In einem hohen Gefäß das Eigelb mit 1 TL Wasser gut verrühren. Salz, Senf, Rotweinessig, Zitronensaft und Worcestersauce zugeben und alles gut vermischen. Das Öl unter ständigem Rühren tröpfchenweise unterlaufen lassen.

ERGIBT 1 L | 15 MINUTEN + 40 MINUTEN KÖCHELN

12 g Knoblauch • 45 g Ingwer • 50 g Zitronengras • 300 ml Weißwein
300 ml Reiswein • 80 g Rohrohrzucker • 200 ml Tamari oder Sojasauce

Teriyaki-Marinade

Knoblauch und Ingwer schälen und in Scheiben schneiden. Das dünne grasige Ende des Zitronengrases abtrennen, den übrigen Teil längs einschneiden und zwei Lagen Schale entfernen. Das übrige Innere fein schneiden.

In einem Topf Weißwein, Reiswein und Rohrohrzucker mischen und erhitzen. Knoblauch, Ingwer und Zitronengras dazugeben und alles 20 Minuten köcheln lassen. Das Tamari hinzugeben und bei leisem Köcheln weitere 20 Minuten mitziehen lassen. Dann die Marinade durch ein feines Sieb passieren und abkühlen lassen.

ERGIBT 1 L | 10 MINUTEN

70 ml Tamari oder Sojasauce • 3 ⅓ EL Olivenöl • 1 EL Muskatgewürzmischung (siehe Rezept Seite 157) • 1 EL edelsüßes Paprikapulver
1 EL Knoblauchöl (siehe Rezept Seite 154)

Außerdem
Tofu, nach Belieben

Tofumarinade

In einer Schüssel 840 ml Wasser mit Tamari, Olivenöl, Muskatgewürzmischung, Paprikapulver und Knoblauchöl vermischen und in der Küchenmaschine mixen.

Tofu über Nacht in der Marinade einlegen, gut abtropfen lassen und nach Belieben anbraten und weiterverarbeiten.

TIPP:
Diese Marinaden eignen sich sehr gut zum Marinieren von Tofu oder Gemüse oder zum Würzen von Gemüsegerichten.

ERGIBT ETWA 1 KG | 40 MINUTEN

800 g Äpfel, z. B. Boskop oder Cox Orange
110 ml Apfelsaft
70 g Rohrohrzucker
1 ½ Msp. frisches Vanillemark
1 Prise Zimt
1 Msp. Zitronenabrieb

Apfelmus

Die Äpfel waschen und mit Schale und Kerngehäuse in grobe Stücke schneiden.

Den Apfelsaft in einen Topf füllen, darauf die Äpfel geben. Danach Zucker, Vanillemark, Zimt und Zitronenabrieb darüberstreuen.

Zugedeckt bei geringer Hitze einmal aufkochen. Nach dem Aufkochen die Mischung weiter bei kleiner Hitze garen, bis die Äpfel weich sind. Dabei ab und zu umrühren, um ein Anbrennen zu verhindern.

Das Apfelmus durch die Flotte Lotte oder ein Sieb streichen und abschmecken.

TIPP:
Passt z. B. zu Rheinischem Reibekuchen (siehe Rezept Seite 125) oder Kesselsknall (siehe Rezept Seite 126).

0,2 l

Rezeptregister

Sachregister

Impressum

Konzept und Idee: Jan Lüth
Textredaktion: Alexandra Michelis
Korrektur: Asta Machat
Layout und Satz: Susanne Kraus, mcp concept
Umschlaggestaltung: Caroline Daphne Georgiadis, Daphne Design unter Verwendung eines Fotos von Wolfen Schulz
Repro: Repro Ludwig, Zell am See
Herstellung: Bettina Schippel
Rezepte: Arndt Merke
Texte: Claudia Eilers, S. 10 bis 11 Eckhard Lüth
Fotografie: Alle Bilder stammen von Wolfen Schulz, außer S. 147, 149 Arndt Merke.
Foodstyling: Arndt Merke, Elke Scherping

Printed in Slovenia by Korotan

★★★★★

Sind Sie mit diesem Titel zufrieden? Dann würden wir uns über Ihre Weiterempfehlung freuen.

Erzählen Sie es im Freundeskreis, berichten Sie Ihrem Buchhändler, oder bewerten Sie bei Onlinekauf. Und wenn Sie Kritik, Korrekturen, Aktualisierungen haben, freuen wir uns über Ihre Nachricht an Christian Verlag, Postfach 40 02 09, D-80702 München oder per E-Mail an lektorat@verlagshaus.de.

Unser komplettes Programm finden Sie unter www.christian-verlag.de

Alle Angaben dieses Werkes wurden von den Autoren sorgfältig recherchiert und auf den neuesten Stand gebracht sowie vom Verlag geprüft. Für die Richtigkeit der Angaben kann jedoch keine Haftung übernommen werden.

Die Deutsche Nationalbibliothek verzeichnet diese Publikation in der Deutschen Nationalbibliografie; detaillierte bibliografische Daten sind im Internet über http://dnb.d-nb.de abrufbar.

ISBN 978-3-86244-691-9

Danke Arndt

Danke Silke

Danke Pauline

Danke Joga DankeElisabeth Danke Lukas Danke Kwami Danke Maria

Danke Ljuba

Danke Bettina Danke Max Danke Sarah

Danke Moseana

Danke Chrysant

Danke Ahmed Danke Hella Danke Gabi Danke Nora

Danke Maren Danke Snezanna Danke Katja

Danke unseren Gästen

Danke Ariane Danke Katrin Danke Olga Danke Dinah

Danke Mohamed

Danke Tukta

Danke Sarah

Danke Inge Danke Radja

Danke Eckard

DANKE

Danke Jan

Und allen anderen, die dazu beigetragen haben,

dass wir seit 25 Jahre unsere Gäste bewirten können.

Ebenfalls erhältlich ...

ISBN 978-3-86244-697-1

ISBN 978-3-86244-668-1

ISBN 978-3-88472-968-7

ISBN 978-3-86244-495-3

CHRISTIAN

www.christian-verlag.de